马克思主义理论
教学与研究文库

MAKESI ZHUYI LILUN
JIAOXUE YU
YANJIU WENKU

“思想道德与法治”专题教学研究

王颖 ◎ 主编

首都经济贸易大学出版社
Capital University of Economics and Business Press
·北 京·

图书在版编目（CIP）数据

“思想道德与法治”专题教学研究 / 王颖主编. --北京：首都经济贸易大学出版社，2024. 1

ISBN 978-7-5638-3404-4

Ⅰ. ①思… Ⅱ. ①王… Ⅲ. ①思想修养—教学研究—高等学校 ②法律—中国—教学研究—高等学校 Ⅳ. ①G641. 6 ②D920. 4

中国版本图书馆 CIP 数据核字（2022）第 168172 号

“思想道德与法治”专题教学研究

SIXIANG DAODE YU FAZHI ZHUANTI JIAOXUE YANJIU

王 颖 主编

责任编辑 陈 侃

封面设计 砚祥志远·激光照排 TEL：010-65976003

出版发行 首都经济贸易大学出版社

地　　址 北京市朝阳区红庙（邮编 100026）

电　　话 （010）65976483 65065761 65071505（传真）

网　　址 http://www.sjmcb.com

E - mail publish@cueb.edu.cn

经　　销 全国新华书店

照　　排 北京砚祥志远激光照排技术有限公司

印　　刷 北京九州迅驰传媒文化有限公司

成品尺寸 170 毫米×240 毫米 1/16

字　　数 161 千字

印　　张 9. 25

版　　次 2024 年 1 月第 1 版 2024 年 1 月第 1 次印刷

书　　号 ISBN 978-7-5638-3404-4

定　　价 45. 00 元

总　序

习近平总书记在学校思想政治理论课教师座谈会上指出：思政课是落实立德树人根本任务的关键课程。新时代的思政课建设要放在世界百年未有之大变局、放在党和国家事业发展的全局，从坚持和发展中国特色社会主义的高度来看待。思政课教学内容要跟上时代，只有不断备课、常讲常新才能取得较好教学效果。思政课教师在教学中要把统编教材作为依据，确保教学的规范性、科学性、权威性，同时也不能简单照本宣科，学生的疑惑就是思政课要讲清楚的重点，要在教学过程中进行多样化探索，通过多种方式实现教学目标。

习近平总书记“3·18”重要讲话发表以来，很多学校在思政课上进行多样化探索，积极采用案例式教学、专题式教学、分众式教学等，取得了积极成效。但对照习近平总书记在学校思想政治理论课座谈会上的重要讲话精神，思政课建设中的一些问题仍然亟待解决：教材内容还不够鲜活，针对性、可读性、学理支撑不足，实效性有待增强；理论体系没能有机地转化为教学体系和认同体系，教师教学和学生发展需求之间契合不足，对学生所处的现实社会生活、对中国特色社会主义事业的发展等现实问题观照不够，缺少亲和力，教学研究力度需要加大、思路需要拓展。

毋庸赘言，思想政治理论课与其他课程相比，有其特有的教学挑战度。思政课的本质属性和铸魂育人的使命决定了思政课的教学难度。相比其他课程，思政课的目标核心在于涵养学生知、信、行相统一的人格品性。作为“灌输对象”的学生则认为思政课从小学到大学很多内容都相似，主体内容与基本结论早已学过、背过，有了先入为主的心理效应，学习动力不够强，进而造成学生对课程内容理解的“低强度”和思政课终极教学目标的“高强度”的强烈反差，这在一定程度上加大了教学难度。如果理论与现实的对接不力，内容阐释上教学视角缺乏鲜度，会更加降低学生对思政课的接受度。

针对当前思政课建设所面临的实效性、亲和力、针对性不足等现实问题，我们展开了思想政治理论课专题教学的探索与实践。专题教学是指在充分理解课程内涵、教材和教学要点的基础上，精选教材重点内容确定专题"主题"，在知识厚度上深度挖掘，以"问题"为导向对专题教学进行教学体系设计。吃透教材内容是进行专题教学的关键步骤。高校思政课专题教学是创新创优高校思政课教学的重要举措，是落实从教材体系向教学体系转化和从知识体系向信仰体系转化的重要环节，是实现理论与实践有效对接、真心回应不同学生群体的现实困惑、增强学生对思政课获得感的有效途径。

基于上述教学理念，我们在已有改革成果的基础上，组织学院教师深化教学内容研究，收集整理学生现实困惑和思想关切，经过大家的充分讨论确定专题模块，编写"思想政治理论课专题教学研究"系列丛书作为六门思政课的辅助教材，在历史与现实的贯通之中、理论与实践的结合之中、国内与国际的比较分析之中，着力探索把教材体系转化为教学体系、转化为学生喜闻乐见的话语体系，把基本理论和原理讲清楚、讲透彻，增强学生的理论认知，强化学生对思想政治理论课各门课程性质、目标和内容的整体把握程度，进而将知识体系升华为价值体系。丛书的设计和编写遵循三个原则：第一，坚持系统思维，突破教材内容边界，从课程整体性高度整合优化专题结构，突出思政课程整体的系统性、连贯性、协同性，构建思想政治理论课教学专题群。高校六门思政课拥有相对独立的教学内容和教学目标，但六门课程又是有机联系不可分割的统一整体，有着共同的教学总目标。对思政课的认知目标、情感目标和实践目标进行系统规划，才能在整体上实现思政课程之间教学设计的互补性、教学内容的对应性和教学逻辑的衔接性，实现理论逻辑的统一性、历史逻辑的连贯性、实践逻辑的一致性。第二，坚持问题导向，深入研究、深层解答重点难点问题。习近平总书记指出："学生关注的、有疑惑的问题其实也就几大类，要把这些问题掰开了、揉碎了，深入研究解答，把事实和道理一条条讲清楚。"丛书编写组直面学生的思想困惑，不回避现实中的尖锐问题和重大问题，在专题写作过程中坚持问题导向、有的放矢。集中力量研究攻关教学中遇到的重点难点问题，把学生关注的、有困惑的问题讲清楚、讲透彻，引导学生发现问题、分析问题、思考问题，在不断启发中让学生水到渠成得出结论。第三，选编教学案例。此套书精心提炼每门课程各章节的教学要义，确立并重新编排专题教学内容，精心选编教学案例、素材，注重教师讲授和学生双向互动，力避从理论到理论，形成立体的、多方位的思政课教学体系，提高思想政治理论课教学的整体性、科学性和实效性。

专题教学是高校思政课教学模式改革的积极探索。它以教材为依据，以问题为导向，不求“大而全”，而在“专而精”，从增强教学的针对性和实效性入手，强调以教学内容为重，体现问题意识；深入研究教学内容与方法，是值得深入探索和推广的提升思政课教学质量的有效方式。思想政治理论课专题教学的探索，让我们对推进高校思想政治理论课改革创新，把思政课打造成为让学生终身受益的“金课”有了更深刻的理解。从这个意义上说，探究还依然在路上。

“思想政治理论课专题教学研究文库”编委会

前　言

我校“思想道德与法治”课程教学坚持以习近平新时代中国特色社会主义思想为铸魂内核，以马克思主义理论教育、社会主义核心价值观教育、法治教育等为理论基石，基于以学生为中心的理念改造传统高校思想政治理论课程，形成智慧教育视阈下“思政融人、案例先导、学生中心、全程评价”四维一体教学框架。课程寓价值观引导于知识传授和能力培养之中，推进“线上—线下”相结合的混合式教学模式，帮助学生塑造正确的世界观、人生观、价值观、道德观、法治观，坚定“四个自信”，培养学生家国情怀和责任担当，最终实现时代新人的培养目标。课程团队扎根京华大地，打造“思政育人”鲜明特色，以高尚师德潜心育人；坚持以育人为本，一体化开展教研与科研；立足北京红色资源、“四个中心”和城市副中心的生动实践，传播马克思主义理论，讲好中国故事。在冯培教授和王小莹教授的带领下，我们先后完成了北京高校“思想道德修养与法律基础”课程创新工作室建设（2009 年）、校级精品课程建设（2010 年）、在线开放课程建设（2019 年）、北京高等教育本科教学改革创新项目建设（2022 年）。“思想道德与法治”课程成为首批上线国家高等教育智慧教育平台、新华网全国高校课程思政教学资源服务平台、中国大学生 MOOC 和智慧树平台的在线开放思政课程，得到社会的广泛关注。2021 年，通过了国家级线上线下混合式一流课程北京地区的申报，目前正在教育部全国评审中。

本书作为“思想道德与法治”课程改革创新的成果，主要围绕“担当复兴大任　成就时代新人”、“领悟人生真谛　把握人生方向”、“追求远大理想　坚定崇高信念”、“继承优良传统　弘扬中国精神”、“明确价值要求　践行价值准则”、“遵守道德规范　锤炼道德品格”和“学习法治思想　提升法治素养”七个专题展开教学研究。专题教学力求锚定“一个目标”、树起“一条主线”、构建“一个样式”、解决“三个问题”、实现“三个效果”，在坚持思政课的思想性、理论性的同时，增进学理性、针对性。

一是锚定“一个目标”，即增强大学生使命担当，引导大学生矢志不渝听党话、跟党走，争做社会主义合格建设者和可靠接班人。二是树起“一条主线”，坚持将马克思主义中国化最新成果和习近平新时代中国特色社会主义思想进教材、进课堂，把中国特色社会主义的北京实践、北京革命历史资源、学校校史融入思想政治理论课。充分发挥思政课教师主力军、思政课教学主战场、思政课课堂主渠道作用，紧紧围绕坚定学生理想信念，以爱党、爱国、爱社会主义、爱人民、爱集体为主线，不断完善思想政治理论课教学体系和内容体系。三是构建“一个样式”，在“思想道德与法治”课程的教学组织与安排上，坚持“五学—六位”线上线下互动教学模式。线上教学强调以学生自主学习为中心，同时伴有教师监督学习，学习资源辅助学习，师生互动学习，学习平台引导学习，知识讲授和传递在课前基本完成。线下教学采用“‘问题链’层层递进—主体间性理论指导（教与学）—‘行走的课堂’实践—科研项目实战训练—课程评估与总结”的组织模式，强调受教育者在教学活动中的主体价值和能动作用。老师把课堂的舞台让位于学生，成为协调者和指导者，最大限度地调动大学生学习的积极性和主动性，同时利用翻转课堂、直播教学、场域教学、Vlog教学、情景教学等创新型的教学形式，讲好中国故事，讲清中国道路。四是解决“三个问题”，结合思想政治理论课教材的重点、难点和大学生普遍关注的热点，经过分析提炼，形成问题导向式的专题化教学，有的放矢，重点讲清楚中国共产党为什么“能”、马克思主义为什么“行”、中国特色社会主义为什么“好”。五是实现“三个效果”，教师以真理力量感召学生、以深厚理论功底赢得学生、以人格精神感染学生，成风化人、润物无声地引领学生完成对中国社会主流意识形态的建构，促使其养成“内化于心，外化于行”的主体意识，使思想政治教育成为大学生自身主体认知、主体自觉、主体践行的过程。

本书可以作为马克思主义理论学科建设、思想政治理论课教学、马克思主义学院研究生培养的参考用书，还可以为人文社会科学相关学科、相关专业的教学和研究提供参考资料。

目录
CONTENTS

专题一　担当复兴大任　成就时代新人 …… 1

教学简况 …… 1

教学过程 …… 2

一、我们处在中国特色社会主义新时代 …… 2

二、做担当民族复兴大任的时代新人 …… 3

三、提升思想道德素质与法治素养 …… 5

教学小结 …… 7

专题二　领悟人生真谛　把握人生方向 …… 9

教学简况 …… 9

教学过程 …… 10

一、人生与人生观 …… 10

二、正确的人生观 …… 15

三、价值与人生价值 …… 21

四、成就出彩人生 …… 26

教学小结 …… 30

专题三　追求远大理想　坚定崇高信念 …… 33

教学简况 …… 33

教学过程 …… 34

一、人为什么要有崇高的理想信念 …… 34

二、大学生应该如何坚定理想信念 …… 38

教学小结 …… 44

专题四　继承优良传统　弘扬中国精神 …… 46
教学简况 …… 46
教学过程 …… 47
一、重精神是中华民族的优秀传统 …… 47
二、做忠诚爱国者 …… 51
教学小结 …… 54

专题五　明确价值要求　践行价值准则 …… 56
教学简况 …… 56
教学过程 …… 57
一、全体人民共同的价值追求 …… 57
二、社会主义核心价值观的显著特征 …… 64
三、积极践行社会主义核心价值观 …… 69
教学小结 …… 75

专题六　遵守道德规范　锤炼道德品格 …… 77
教学简况 …… 77
教学过程 …… 78
一、社会主义道德的核心与原则 …… 78
二、社会主义道德的形成与发展 …… 86
三、践行社会主义道德 …… 92
教学小结 …… 106

专题七　学习法治思想　提升法治素养 …… 109
教学简况 …… 109
教学过程 …… 110
一、社会主义法律的特征和运行 …… 110
二、以宪法为核心的中国特色社会主义法律体系 …… 113
三、建设中国特色社会主义法治体系 …… 116

四、坚持走中国特色社会主义法治道路 …………………………… 118
五、培养法治思维 ………………………………………………………… 121
六、依法行使权利与履行义务 ………………………………………… 123
教学小结 ……………………………………………………………………… 130

专题一　担当复兴大任　成就时代新人

教学简况

课时安排：

2课时。

教学目标：

思想目标。根据党的十九大提出的“培养担当民族复兴大任的时代新人”的战略要求，以马克思主义为指导，以培养担当使命的时代新人为目标，使学生确立和坚定崇高的理想信念，激发学生为民族复兴和人民幸福而奋斗的强烈责任感和使命感。

知识目标。通过知识点的层层剖析，从中国发展的新方位入手，使学生了解新时代与时代新人的内在关联，理解提升思想道德素质和法律素养的重要意义，明确当代大学生的历史使命，做有理想、有本领、有担当的时代新人。

能力目标。通过案例分析、课堂讨论、师生互动等教学环节，使学生领悟“我在哪”的方位、明确“我是谁”的角色，进而珍惜历史机遇，胸怀实现中华民族伟大复兴的中国梦，肩负接续奋斗的光荣使命，坚定理想，增强本领，勇于担当，提升思想道德素质和法治素养，立志为新时代贡献青春力量。

教学重点：

如何理解作为时代新人所处的历史方位？

教学难点：

如何认识时代发展与自身使命担当的关系？

教学过程

【问题导入】

岁月不居，时节如流。中国特色社会主义新时代的航船，历经世人难忘的这场疫情大流行的惊涛骇浪，依然行稳致远，不断前进。在线上教学中，大家对中国特色社会主义新时代的"三个意味着"已经熟知，但熟知并不代表真知，因此需要我们再进一步着重深入地探究两个问题：我们的新时代与新时代的我们。

一、我们处在中国特色社会主义新时代

提问：应该从什么角度来理解我们的新时代？"三个意味着"到底意味着什么？

解答：首先，应该在两个大局的时代场景中去理解新时代。两个大局即：世界百年未有之大变局和中华民族伟大复兴的战略全局。具体而言，世界格局之变和"十四五""三新"确定的转型之变，刻画出了新时代的演进特征，即它是实现中华民族伟大复兴的决胜时代。

其次，应该在北京这座城市发展的鲜活实践中去体察新时代。

提问：说说你所感受的北京。

解答：北京是国家首都，中国的名片。它也是一座我们共同生活的城，既有"都"的功能，也有"城"的属性。从人口承载量、每日交通流量、独角兽企业数量等一组组数据形成的一张张画面，可以看出它的优势是奋斗出来的，现存短板也还需要继续补齐。她显示了新时代的本质属性，表明新时代是推进中国特色社会主义发展的时代。

最后，应该在中国道路的务实规划中去领悟新时代。

党的十九届五中全会和今年（2022 年）3 月结束的全国"两会"，从近期目标上，提出了科技创新、产业发展、国内市场、深化改革、乡村振兴、

区域发展、文化建设、绿色发展、对外开放、社会建设、安全发展、国防建设 12 个方面的工作部署；在宏远蓝图上，规划了到 2035 年基本实现社会主义现代化远景目标。这些举措都在支撑着中国道路，通过务实的努力去实现中华民族伟大复兴。它展现了新时代的现实场景，是大变局中彰显“中国智慧”的示范时代。

小结：上面就是教师结合教材与线上教学进一步引导学生领悟和理解我们的新时代的三个角度。任何人都是这个大变局中的局中人，谁都无法置身其外，只有对这个时代的特征、属性、场景认知更清晰，视野更开阔，“我在哪”的方位感才会越强烈。这样，才可以从此出发，迈出青春人生第一步，写好时代答卷第一笔。

二、做担当民族复兴大任的时代新人

提问：你觉得时代新人新在哪里？

解答：新时代属于每一个人，每一个人都是新时代的受益者、见证者、开创者和建设者。因此，就自然有了本课程的第二个关键词：时代新人，即新时代的我们。刚才不少同学讲了自己的理解，我也与大家分享一下自己的看法。

首先新在群体的角色特质。同学们在线上对此有些解读。它突出地表现为：个性多元。作为“00 后”大学生，大家价值观总体上呈现出积极进取、健康向上的状态特征，强调开放和自我超越，关注社会与自我成长，拥有更高的文化认同感和民族自豪感。但从大数据样本中也可以看到，尽管同学们相对更加注重奋斗，但对为谁奋斗、与谁一起奋斗、如何奋斗的认知并不十分清晰。大家对正在亲历的这个新时代中自己所应承载的使命、责任，以及应当具有的主体意识和担当意识，思想上是否有足够清晰的思考？心理上是否有应有的充分准备？行动上是否有强劲的内生动力？

其次新在群体的时代脉搏。从群体的时代脉搏看，它鲜明也表现为：互动多变。近现代以来，中国青年群体的脉搏总是同所处时代的脉搏保持着同频共振的紧密关联。从辛亥革命到五四运动，从跨过鸭绿江到振兴中华，不同时代青年群体的脉搏一直是时代脉搏的强音。但正因为是青年，所以不同时代的社会思潮也总是直接间接地影响着青年群体的思维与行为，使青年群体的脉动在不同时代也有不同的特点。值得注意的是，当下的娱乐文化使主流文化去中心化，殖民文化使民族文化去认同化，网络文化使信息传播去议程化，"饭圈文化"使思想意识被趋同化，消费文化使价值走向非理性化，这些都会对大家的理想追求和人生选择产生负面影响和侵蚀。

最后也是最重要的，是新在青春的使命担当。它真实地表现为：任重时艰。我们现在所处的时代，是一个船到中流浪更急、人到半山路更陡的时期，是一个愈进愈难、愈进愈险，而又不进则退、非进不可的时期。改革开放已走过千山万水，但仍需跋山涉水。从外部看，世界逆全球化和极端民族主义思潮的泛滥，加之中国发展的速度快、强度和力度大，并展现了制度优势，使得以贸易战和高科技打压为主要表现形式的外部环境仍会继续复杂，动荡不安。前不久的中美高层战略对话，让我们想起当年的板门店谈判。尽管美方非常无理，但毕竟今天的中国不是100多年前签署《辛丑条约》时的中国。从内部看，中国崛起面临的复杂挑战，超过过往500年大国兴衰中任何一个大国。不仅有外部霸权的干涉和意识形态的渗透围堵，而且有中国自身面临着的种种困难。我们的科技创新依然在路上，还有不少"卡脖子"的关键核心技术有待突破。大家是学金融的，金融是经济的血脉。任何一个世界大国想成为世界强国的话，它一定是一个金融强国，也就是说世界强国和金融强国是一体两面的事情。但当下我们的金融也面临着挑战，例如人民币国际化的问题，中国在国际金融机构里面的话语权的问题，在金融信息服务领域的话语权问题，等等。显而易见，在中国大踏步走向国际舞台的中心、积极构建人类命运共同体的新征程中，若不能突破这些瓶颈，中华民族伟大复兴就不可能真正实现。这也是为什么说新时代是实现中华民族伟大复兴决胜时代的一个重要角度。

小结：在座的每一位同学，都不应该是这个新时代的看客和过客，而应成为有理想、有本领、有担当的国家栋梁。时代新人的三个新，落脚在人字上；有理想才有境界，有本领才能立地，有担当才可迈步，共同汇合在一起才能成为一个顶天立地有精神境界的大写的人。这是认清"我是谁"的关键要义。习近平总书记说过，新时代的中国，更需要使命在肩、奋斗有我的精神。我们不仅要在情感上使"我和我的祖国"同频共振，而且要在使命上与"我的祖国和我"同向同行。这才是真正的时代新人，是新时代的我们，也是时代答卷的最终答案。

三、提升思想道德素质与法治素养

提问：通过阅读教材，理解“思想道德素质和法律素养与成为时代新人”有何关联？

解答：大家通过自学不难发现这个问题的答案，难的是如何做到知行合一，把这些文本的语义变成自己的行动，由外在的学理内化为人生的准则。要通过在学习中升华、在内省中完善、在自律中养成、在实践中锤炼的途径和方法，把这个课堂问题作为人生命题，向国家和人民交出合格的时代答卷。

典型案例：

2021 年 4 月 21 日，西北农林科技大学硕士生杜好田登上热搜：为了帮助老乡销售土豆，他研发了彩色马铃薯锅巴，为此还申请延迟毕业，学以致用、助力乡村振兴，被称为“锅巴镇长”。

杜好田，男，汉族，共青团员，西北农林科技大学（以下简称“西农”）水土保持研究所 2017 级硕士研究生。他来自农村家庭，求学路上踏实认真，曾获大学生自强之星，多次获得学校各类奖助学金；他主动申请加入研究生助力团，目前在镇巴县兴隆镇挂职科技副镇长。

陕西省汉中市镇巴县兴隆镇，土豆种植面积大、品质好，但因为地处山区，交通不便，土豆打不开销路，卖不上好价钱，对此当地农户一直十分头疼。杜好田和他的团队为了解决兴隆镇的土豆滞销问题，向当地引入了自己学校的彩色马铃薯，并开发出了彩色马铃薯锅巴，帮助村民们增收致富。

杜好田说，彩色马铃薯锅巴研发出来后，他们进行了试卖，“当时 1 个小时就卖了 1 万元”。目前，杜好田在兴隆镇挂职科技副镇长，助力当地将彩色锅巴产业化；他说，有做彩色锅巴的想法其实很偶然，“因为直接卖土豆不好卖，做薯片，设备一时跟不上”，最后，生产负责人建议——试试做锅巴。“我当时找了个三轮车，拉了几百斤去代工工厂里，第二天就做出来了，口感整体还是比较好的，然后我们调整了几次，渐渐在西农校内开始传播。”这小小的锅巴，凝聚了一个团队的心血。一开始，制作锅巴需要代工工厂。杜好田多次与工厂联系，却始终得不到回应，他干脆天天去对方的厂里等结果，一次不行就两次，两次不行就三次。凭着这样的韧劲，最终他得到了对方经理的认可，如愿生产出了彩色马铃薯锅巴。在给锅巴做包装时，预算不够，他们就四处筹措资金。进退维谷时，母校西农出手相助，全新上市的彩色马铃薯锅巴才得以与大家见面。

去年（2021 年）底，杜好田团队在村里建起了厂子，将彩色马铃薯及其衍生产品商业化，就地种植，就地生产。今年（2022 年）初，生产线正式投产，每年可加工 5 000 吨锅巴，这为每吨彩色马铃薯提高了 1 000 元至 1 500 元的附加值，"现在一天能走个两三百箱，有时候也能接到 2 000 多箱的大单"。新冠肺炎疫情期间他策划直播带货，线上销售樱桃 5 万余元，线下引进客商销售 40 余万元。

"为啥一直在基层工作？因为我之前受过资助。"杜好田家里除了他之外，哥哥和妹妹初中没毕业就辍学打工。因为家境的关系，他刚上大学时甚至有些自卑。"别人都多才多艺，我啥都不会，穿的也不行，那时都不太跟女孩子说话，有些自卑吧。"上大学后的杜好田，没向家里要过钱，都是勤工俭学挣生活费。为了有免费的饭吃，他还在学校食堂做兼职。"一个小时 7 块钱，中午管一顿饭，每天一下课我都是最早跑出来的，刷碗基本上一刷就是两个小时。"辅导员知道了他的情况后，有一天在学校里叫住杜好田，说有个上海的爱心人士给了一笔 5 000 元的资助，让他填下表。"之后钱就直接打到了我的账户上，当时真是解决了我的燃眉之急。"对于这份资助，杜好田特别感激。"这种点对点的帮助让我铭记于心，这是一种特别难得的信任。"之后他也做了一些兼职，把受资助的钱赚了回来，想还给那位好心人。但当他去找老师询问爱心人士的情况时，却被告知并没有联系方式。"后来我就想通了，人家献爱心不是为了回报，是为了让它传递下去。对我来说，报答的最好方式就是将这份爱心传递下去。"

在帮扶当地的同时，杜好田也面临着毕业的压力。本该于 2020 年 6 月毕业的他，为了做好彩色马铃薯锅巴生产线建设，不辜负乡亲们的信任，甚至申请了延迟毕业一年。"好多身边的同学和老师都劝我，但我还是想着再到地方去支援半年，不然你让人家建厂，最后却没弄成，那就违背初衷了。"最终导师选择了支持杜好田。

有一次，老乡请杜好田和他的老师吃饭，因为不知道杜好田就是彩色马铃薯锅巴的"创始人"，老乡还很自豪地向他推销。"那时候我感觉心里边很暖，感到自己的价值被认可了。"

未来，杜好田还打算接着创业，"看能不能把这种产学研模式更接地气地带到地方上，我觉得这个比较有意义，而且现在讲乡村振兴，振兴要靠产业振兴，我也想贡献一些力量”。

案例分析：

顺利毕业是每个学生都期待的事情，但杜好田这位“锅巴镇长”为解决当地土豆滞销问题，却主动申请延迟毕业一年，利用所学知识研发锅巴产品，可谓尽职尽责。当下，脱贫攻坚取得决定性胜利，而全面推进乡村振兴是“三农”工作重心的历史性转移。杜好田的事例告诉我们，新时代需要更多的青年学子主动站出来，担负起乡村振兴、共同富裕的重要任务。在新时代的中国，经济建设主战场、文化发展大舞台、社会建设新领域、科技创新最前沿、基层实践大熔炉，都是大学生贡献聪明才智、书写青春篇章的热土福地，当代大学生要用青春力量践行强国使命，用激情奋斗书写美丽青春，中华民族伟大复兴终将在同学们的接续奋斗中变为现实。

教学小结

专题总结：

本专题有两个关键词：新时代、时代新人。无论从学理上还是在现实中，把两个词关联在一起的，就是实现中华民族伟大复兴的使命担当。因此，新时代是时代新人的，时代新人也是新时代的，而思想道德素质和法治素养，则是在新时代成为时代新人不可或缺的内在要素。

学习思考：

【教学效果】

本专题以设问、讨论的方式，从学生熟悉的问题出发，通过经典案例、图片数据、名人名言的展现，结合课堂讨论等方式，充分调动学生的积极性、主动性和创造性，使他们深刻理解担当民族复兴大任时代新人的重要意义。教学过程中教师在讲授理论知识的同时，着重培养学生分析问题和解决问题的能力，增强学生的理论认知和情感认同，引导学生自发地将个人成长进步与祖国的繁荣昌盛相结合，为实现中华民族伟大复兴而不断努力。教学获得了学生的认可和好评。

【教学经验】

本专题教学的重点是让学生把自己融入新时代中，用数据和案例使之认清现实历史方位和自身角色，由熟知到真知，调动青年的激情和理想，进而认同自己作为中华民族伟大复兴最后一棒接力者的使命。

【改进措施】

可以在讲授中适当添加一些本校“经贸榜样”的案例，让榜样就在学生身边，可观易学。

阅读文献：

[1] 习近平. 在庆祝改革开放40周年大会上的讲话［N］. 人民日报，2018-12-18(1).

[2] 习近平. 在纪念五四运动100周年大会上的讲话［N］. 人民日报，2019-4-30(1).

[3] 中共中央文献研究室. 习近平关于青少年和共青团工作论述摘编［M］. 北京：中央文献出版社，2017.

[4] 人民日报评论部. 习近平用典（第一辑）［M］. 北京：人民日报出版社，2018.

[5] 人民日报评论部. 习近平用典（第二辑）［M］. 北京：人民日报出版社，2018.

（执笔人：冯培　郝然）

专题二　领悟人生真谛　把握人生方向

教学简况

课时安排：

4课时。

教学目标：

思想目标。通过学习人生观、价值观的基本理论，促使学生树立正确的人生观，创造有意义的人生。

知识目标。掌握人生观的内涵、主要内容，人生价值的主要内容，自我价值和社会价值的内涵及其相互关系，理解人的本质、个人与社会的关系及人生价值的评价标准，理解并认同正确的人生观和价值观。

能力目标。辨别正确的人生观和错误的人生观；端正人生态度；正确认识自己与新时代，努力实现人生价值。

教学重点：

人生观、价值观的内涵和主要内容；人生目的、人生态度、人生价值。

教学难点：

人的本质；自我价值和社会价值的关系。

教学过程

一、人生与人生观

【问题导入】

播放歌曲《存在》。进入大学，有不少同学会像歌中唱的那样，思考人生存在的意义吧。面对学业、情感、职业选择等多方面的问题，大学生们正不断思考和规划自己的人生之路。只有科学看待人生的根本问题，认识人的本质、个人与社会的辩证关系，掌握人生观、价值观的基本理论，才能活出自己存在的意义。

（一）人的本质

先来看一下人的本质是什么。古今中外的思想家大都会对人的本质这一永恒的主题进行思考，并试图给出自己的答案。比如，古希腊哲学家苏格拉底认为，人是能对理性问题给予理性回答的存在物，他强调了人的理性；古希腊另一位思想家柏拉图认为，人是站着的有两条腿的动物，他揭示了人的生物属性。又如，在中国传统文化中，儒家认为人是万物之灵，是五行之秀，儒家特别尊重人的价值和地位。那么人的本质到底是什么呢？马克思第一次科学地揭示了人的本质。在《关于费尔巴哈的提纲》中，马克思对人的本质是这样阐释的：“人的本质不是单个人所固有的抽象物，在现实性上，它是一切社会关系的总和。”怎么来理解这段话呢？这段话至少说明了以下几点。

首先，人的本质是具体的、历史的。在批判费尔巴哈关于人本质思想的过程中，马克思阐述了自己对人的本质的看法。费尔巴哈认为从单个人中抽象出来的“理性、意志、心”是人的本质；他抽象地谈论人的本质，假定只要是人，不论哪个时段、哪个民族、哪个阶级的人，都具有同样的本质，这一本质是人天生就固有的属性。而马克思用唯物史观的观点，批判了费尔巴哈对人本质的抽象理解。他认为，现实生活中的每一个人，都生活于一定的具体的社会关系之中，正是这些具体的历史的“社会关系的总和”决定了人的本质。“社会关系的总和”这个规定，不仅表示人的本质的客观性，而且表示着它的变动性、历史性，就是说人的本质不是一成不变的，而是发展变化的。因而，人的本质是具体的、历史的。

其次，社会属性是人的本质属性。真正标志着人和动物之间本质区别的是人的社会性，社会属性是人的本质属性。

最后，人的本质是“社会关系的总和”。人自来到这个世界之日起，就从属于一定的群体，发生各种社会关系，人与人之间的社会关系是极其复杂的，包括经济关系、政治关系、思想关系等多方面的内容。马克思主义认为，在人们的社会关系中，起决定作用的是经济关系，即人与人之间在物质资料生产过程中结成的生产关系。如果我们能够对人的本质有正确理解，那么我们在认识自己和思考人生的过程中，就能够正确地看待自己和他人、自己和社会、自己与环境之间的关系，这样，有助于树立正确的人生观。

（二）个人与社会的辩证关系

关于个人与社会的关系，我们至少从幼儿园起就对它逐渐有所认识了。大家都知道，个人和社会是不能分割的。如果把一个人比作一滴水的话，一滴一滴的水汇集成大海，没有小水滴就没有大海；同样，离开了大海的小水滴，也无法长久地存在。水滴和大海的关系是我们从小就开始不断深化理解的个人与社会关系的形象比喻。

到了大学阶段，我们仍需要从学理方面深入探索个人和社会的关系。个人与社会是辩证统一的关系，两者相互依存，相互制约，相互促进。可以从三个方面来理解个人与社会的对立统一关系。

首先，个人需要和社会需要是对立统一的，个人需要的满足是建立在社会需要的满足之上的。个人的需要是具体的、现实的，与时代背景、社会环境密不可分。在我国，20 年前很少人有世界环游的需求，在改革开放之前，环游世界是不可想象的，而今天，很多中国人不但梦想环游世界，而且有一些人已经走遍全球了。这是因为我们国家发展了，比原来富裕了。国家发展的需要实现之后，个人的需求才能得以满足。

其次，个人利益和社会利益是对立统一的。个人利益和社会利益有可能是一致的，也有可能是不同的，甚至是冲突的。但是社会主义社会的性质决定了个人利益和社会整体利益在根本上是一致的，社会利益离不开个人利益，社会利益是个人利益最集中、最概括、最典型的代表，所以说人民对美好生活的向往是中国共产党行动的动力。但我们要清楚，社会利益不是个体利益的简单相加，而是社会成员带有根本性、全局性、方向性和长远性的利益集合与统一，是个人利益得以实现的前提和基础。当具体的个人利益与社会利益发生根本冲突的时候，要以社会利益为重。

最后，个人权利和自由与个人对社会的义务和责任一样，是对立统一的。个人的权利自由应当与个人所承担的社会责任和义务统一起来，没有无权利的义务，也没有无义务的权利，个人的权利和自由建立在个人对社会所承担的责任和应尽的义务之上，因此，享受个人的权利和自由，就要承担社会责任，履行社会义务。

中国力学之父钱伟长的人生选择可以很好地诠释个人与社会的辩证关系，钱伟长说：国家的需要就是我的专业。与钱三强、钱学森并称"三钱"的钱伟长对我们国家的原子能、导弹、航天等多领域的科技做出了重大的贡献。但是，他最初并没有选择理科作为自己的专业。1931 年，18 岁的钱伟长以中文、历史满分的成绩考入清华大学，但他的英文和数理化的成绩并不好，他重要的兴趣是在中文和历史上。但在"九一八"事变的当天，他做出重大的个人决定：弃文从理，科学救国。后来他说：他根本没有考虑过自己是不是擅长，是不是喜欢，他当时所考虑的是：国家需要什么，社会需要什么，他只选择对国家和社会有利的——要为国家制造坦克，要使自己的国家在军事上强大。这样的动力促使钱伟长废寝忘食地学习，四年之后他成为八名顺利毕业的学生之一，成绩优异。1939 年，他考取公费留学去加拿大学习。学成之后，他毅然回国，为我们国家原子能、导弹和航天等事业做出了巨大贡献。即使是在"文革"期间被错误化为右派，他仍然利用各种机会发挥自己的才能，不断解决技术难题。在钱伟长的时代，他为了国家和社会放弃了自己的需要和个人的利益。在今天，社会需要和个人需要、社会利益和个人利益发生矛盾和冲突并不会那么尖锐了，但我们仍然要自觉地把个人未来发展的规划与国家、社会的需要紧密联系起来。

如果不能正确认识个人和社会的辩证关系，可能导致个人主义的人生观。个人主义这一概念最早出现在法国思想家托克维尔的《论美国的民主》一书中。个人主义认为人是目的，而非工具，强调个人自由以及个人自由的发展。在资本主义早期，个人主义对反对神权、弘扬人的价值起到了一定的积极作用。但随着资本主义的发展，这一思想逐渐演变为极端个人主义。极端个人主义的人生观一切从个人出发，把个人利益放在集体利益之上，主张个人本身就是目的，具有最高价值，社会和他人只是达到个人目的的手段；把个人与他人、社会对立起来，强调以个人为中心，否认社会和他人的价值，甚至不惜采用损人利己的方式来追求自己的人生目标。这种人生观是错误的，会对个人和社会产生一定的危害，损害人际关系，诱发社会丑恶现象，我们要自觉地反对个人主义的人生观。

作为时代新人，我们要把自己的黄金岁月与中华民族的伟大复兴紧密联系起来，与祖国同向同行。广大青年学生要自觉把个人理想、追求融入国家和民族的事业之中，勇作走在时代前列的奋进者、开拓者，书写无愧时代的青春之歌和精彩人生。

（三）人生观的基本内涵和主要内容

进入大学，我们开始了人生的新阶段，常常会有意无意地思考一些问题，例如：我是什么样的人？四年以后我会做什么呢？是不是还要继续深造？选择什么样的职业？选择什么样的人做朋友？这些问题与人生观息息相关。那么，人生观是什么？它对我们的人生有怎么样的影响呢？

简单地说，人生观就是对人生的总看法。人生观是人们关于人生目的、人生态度和人生价值等问题的总观点和总看法。它主要包含三个方面：一是人生目的，就是在人生实践中关于自身行为的根本指向和人生追求，亦即人为什么活着，活着的目的和目标是什么；二是人生态度，它是指人们通过生活实践形成的对人生问题的一种稳定的心理倾向和精神状态，简言之就是以什么样的态度对待生活；三是人生价值，人生价值是人的生命及其实践活动对社会和个人所具有的作用和意义。简单说，人生价值回答了什么样的人生有意义这个问题。在人生目的、人生态度和人生价值中，人生目的最重要，一般情况下，有什么样的人生目的，就会有什么样的人生态度，它决定着人生价值的评判标准。

纵观历史的发展，有形形色色的人生观。在这里简要给大家介绍几种影响较大的人生观类型。

首先，我们来看一下享乐主义的人生观。享乐主义的人生观认为人生的目的就是追求快乐，尤其是要满足感官的快乐。享乐主义起源于古希腊伊壁鸠鲁学派，伊壁鸠鲁认为追求感官的快乐是天经地义的，但是他同时也认为幸福和快乐是身体的无痛苦和灵魂的无纷扰。伊壁鸠鲁的后继者们发展了他所认为的追求感官快乐的正当性，认为追求快乐是人生的唯一目的。这种人生观在现实中有很多的表现，例如：今朝有酒今朝醉；人生就是吃喝二字；

只要能够享受此时此刻的感官享乐，就应当不惜一切代价。

其次，虚无主义的人生观。这种人生观也需要大家注意，“丧”“佛系”“躺平”与这种人生观有一些关联。“佛系青年”这个本来由日本外来词流变而生的新词，不经意间也开始在国内网络上悄然蹿红。其基本语意内涵是指：一切无所谓，凡事爱谁谁；有也行，没有也行；不争不抢，不求输赢。表面上看，这种似乎风轻云淡、闲庭信步的雅量，是一种“看开”的包容和“放下”的从容，但深层次上，“佛系”作为对前不久开始流行于青年群体中的“丧”文化的某种聚焦与延展，呈现的是一种躲避世事、不问天下、沉迷小我的颓废。长期的“躺平”是一种主动退缩、选择放弃的人生姿态。躺平和佛系是当下青年应对焦虑和压力的一种应激方式，但也有可能转化为虚无主义的人生观。虚无主义这个词最早是由德国哲学家、文学家雅各比提出的，西方存在主义哲学流派的一些代表人物（克尔凯郭尔、尼采、海德格尔等）对虚无主义进行了诠释。虚无主义的人生观认为生存没有意义，人生没有目的。否定目的，否定意义，导致否定权威、原则、传统、崇高，引发厌倦、沮丧和怀疑的人生态度。北京大学危机干预中心的徐凯文老师也提到“空心病”的概念。患“空心病”的人通常课业成绩非常优秀，但是情绪却持久低落，不知道自己要什么，不知道自己为什么活。他们通常被医院诊断为抑郁症。运用某种疗法，一般的抑郁症都会在短期内迅速地恢复，但对这些空心病却没有效果。如果不找到自己生命的意义，不知道到自己生命的价值，人会感觉到没有动力，没有欲求，当然也就没有希望。不能不说，虚无主义的人生观在这些人身上产生了影响。

再次，就是拜金主义的人生观，认为生命所有的意义就是为了追求金钱，金钱是人生的唯一目的。

最后，就是个人主义的人生观，此种人生观把个人的利益放在集体利益之上，主张个人本身就是目的，具有最高价值，社会和他人只是达到个人目的的手段，甚至不惜采用损人利己的方式来追求自己的人生目标。

享乐主义、虚无主义、拜金主义和个人主义的人生观是错误的，它会使人荒废生命、游戏人生，甚至引发社会各种丑恶现象。

那么，我们要建立怎样的人生观呢？依据对人本质科学的认识，马克思主义人生观是迄今为止最先进的人生观，它倡导为人民服务的人生目的、积极进取的人生态度，能最大限度地实现自我价值和社会价值。

二、正确的人生观

【问题导入】

讨论与分享：人为什么而活？为什么而奋斗？

同学们分享了自己生活的目的，总结后主要有以下观点：只要开心就好；做什么都没什么用；有钱就是王道；努力和自己喜欢的一切在一起，我存在就要让我周围的人快乐；不后悔无遗憾；奋斗奉献；等等。那么，什么样的人生追求是可取的，什么样的人生追求是科学高尚的呢？我们说，“服务人民，奉献社会”是人类社会迄今为止最先进的人生追求。

（一）高尚的人生追求

通过对人生观的学习，我们知道人生目的是人生观的核心，找到自己的人生目的才能真正解决人生的困惑，也就是说，解决为什么而活的问题之后，人生才能更精彩。

那么，什么样的人生追求能够让我们的人生精彩呢？古往今来，人们对人生目的的探索从未停止过，思想家们孜孜以求留下了难以计数的答案。人要活得快乐，也要“活得高尚、活得正当”。只有科学高尚的人生追求才能成就人生。“服务人民、奉献社会”代表了人类社会迄今最先进的人生追求。

“服务人民，奉献社会”之所以是人类社会迄今为止最先进的人生追求，是因为人生不仅是一种自然过程，还包含着丰富的社会内容。人不仅活着，还生产、交往、创造，形成一定的人生价值目标，以一定的人生观指导自己的行为，赋予人生这样或那样的意义。人与人之间不同的人生轨迹，除了客观历史条件的外部制约外，在很大程度上取决于个体选择什么样的人生观、价值观，追求什么样的人生目的。

在马克思主义发展史上，从马克思和恩格斯提出的“为绝大多数人谋利益”，到列宁提出的“为千千万万劳动人民服务”，到毛泽东同志精辟概括的“为人民服务”，再到新时代中国共产党人提出的不忘初心使命，都反映了“服务人民、奉献社会”的人生追求。“服务人民，奉献社会”的人生追求不论在革命时期、社会主义建设时期，还是在改革开放和社会主义新世代，熏陶感染了一代代革命者和建设者，对实现中华民族的伟大复兴起着重要的推动作用。保尔·柯察金在《钢铁是怎样炼成的》一书中说道：人最宝贵的就是生命，生命对于每个人来说只有一次。人的一生应该这样度过：回首往事，他不会因为虚度年华而悔恨，也不会因为碌碌无为而羞愧；临终之际，他能够说，“我的整个生命和全部精力，都献给了世界上最壮丽的事业——为解放全人类而斗争”。毛泽东称赞这样的人是“一个高尚的人，一个纯粹的人，一个有道德的人，一个脱离了低级趣味的人，一个有益于人民的人”。

“服务人民、奉献社会”的人生追求是具有科学性的。

首先，服务人民、奉献社会的人生追求，是以历史唯物主义“人民群众是历史的创造者”这一基本观点为理论基础的。人民群众是社会历史的主体，是社会物质财富和精神财富的创造者，是社会变革的决定力量，如毛泽东所讲，“人民，只有人民，才是创造世界历史的动力”。在不同的历史时期，中国共产党人将马克思主义与中国革命、建设、改革的具体实际相结合，阐述了倡导服务人民和奉献社会的人生观的深刻道理。不论在革命战争年代，还是在和平建设时期，服务人民、奉献社会这一高尚的人生追求，熏陶、感染了一代代的革命者和建设者，对中国革命、建设、改革事业产生了重要的推动作用。

其次，“服务人民、奉献社会”是建立在对人的本质、个人与社会关系的正确认识基础上的。社会属性是人的根本属性，个人与社会，两者相互依存，相互制约，相互促进。个人是人民的一部分，个人存在于社会中，没有哪一个个人在全然不顾他人的情况下能够独自生存，更不要说幸福快乐了。可见，“服务人民、奉献社会”是建立在对社会和人生科学的认识基础上的。

“服务人民、奉献社会”的人生追求是高尚的。一个人的能力有大小、职业有不同、职位有高低，但只有自觉把个人之小我融入社会之大我，不为狭隘私心所扰，不为浮华名利所累，不为低俗物欲所惑，才能够在推动社会进步中创造不朽的业绩。一个人只有树立了服务人民、奉献社会的人生追求，才能掌握正确的人生价值标准，才能懂得人生的价值首先在于奉献，才会自觉用真善美来塑造自己，不断培养高洁的操行和纯朴的情感，努力使自己成为一个高尚的人。

“服务人民、奉献社会”是我们普通人也能达到的境界。可能有的同学会说：“服务人民、奉献社会”的人生追求太“高大上”了，不是我们普通人能够做到的；只有能耐大的人才能够服务人民、奉献社会。其实并不是这样的，“服务人民、奉献社会”是普通人应该追求、也可能达到的境界，当然，达到这种境界的人也就不平凡了。在社会主义新时代，涌现出千千万万的普通人，他们具有“全心全意为人民服务”的人生观，在关键时刻挺身而出。在2020年抗击新冠肺炎疫情的阻击战中，各行各业扛起责任，国有企业、公立医院勇挑重担，460多万个基层党组织冲锋陷阵，400多万名社区工作者在全国65万个城乡社区日夜值守，各类民营企业、民办医院、慈善机构、养老院、福利院等积极出力，广大党员、干部带头拼搏，人民解放军指战员、武警部队官兵、公安民警奋勇当先，广大科研人员奋力攻关，数百万快递员冒疫奔忙，180万名环卫工人起早贪黑，新闻工作者深入一线，千千万万志愿者和普通人默默奉献……其中也有我们首都经济贸易大学的广大师生，他们义务献血、做志愿者，在防疫的第一线协助社区工作。我们要像他们一样，树立科学高尚的人生观，把自己的人生答卷写进祖国发展的大地上。

（二）积极进取的人生态度

1. 我奋斗我幸福

幸福是你的人生追求吗？我想大部分同学会毫不犹豫地回答：“当然了。”那么，什么是幸福呢？幸福是不是就是“可以尽情享受的状态”，还是“不断努力奋斗的状态”？好，今天我们就来谈谈有关幸福的话题。

2018年，国家主席习近平在新年贺词说道，“幸福是奋斗出来的”。习近平主席在多个场合强调，“新时代是奋斗者的时代”。只有奋斗的人生才称得上是幸福的人生。

“我奋斗我幸福”，奋斗和幸福有什么关系呢？我们追求幸福，一定要奋斗吗？我们一起来分析一下。

首先，奋斗能够给人带来幸福感。幸福感是多种积极情绪的组合，其中满足感是最主要的情绪感受。当我们获得各种类型的成功的时候，就会产生满足感，而成功是靠奋斗得来的，不可能不劳而获，正所谓“天上不会掉馅饼”。曾经看到这样一则新闻：宜宾28岁小伙拍跳河视频，结果不幸身亡；“火了就不用上班了”，这是他的网红梦想，但为此，他付出了生命的代价。

其次，奋斗会带来良好的自我评价，而良好的自我评价是幸福的重要因素。奋斗者会满意自己接受挑战的勇气，自豪自己不懈奋斗的豪情，肯定自己不断奋斗而增长的本领；奋斗者即使没有获得预期的成功，也不会遗憾自己曾经的努力。因此，奋斗者的自我评价是良好的。

心理学通过实证研究得到的结论是：遗传、良好的人际关系、良好的自我评价是幸福最重要的因素。一个人认为自己有能力，能够自主决策或者有自我控制感，那么这个人就更能感觉到幸福。奋斗会让人能力提升，自我评价良好。

以上两点是从个人的角度来分析的，下面从社会的角度来分析：新时代奋斗者为实现中华民族伟大复兴而奋斗，为人民幸福而奋斗，这本身就是幸福的事，它超越了个人幸福。习近平新时代中国特色社会主义思想以人民为中心，“奋斗幸福观”正是着眼于千千万万普通人。它是共产党人的使命，强调共产党人为人民不懈奋斗。它也是全体人民的奋斗，是共产党人带领人民群众一起的奋斗。为幸福而奋斗，在奋斗中谋幸福。通过分析，我们是不是能够更深入地理解了“我奋斗我幸福”的内在逻辑和道理呢？

在本课程学习中有一项实践作业，要求同学们一个星期内做两件让自己快乐的事。很多同学说：吃一顿好吃的，看一场演出，都是让人快乐的。有的同学可能会问：享受不也是幸福吗？这和奋斗无关啊？的确，美食、美景让人开心和快乐，但如果只满足于此，就和幸福渐行渐远了，这是因为感官的享乐不会带来持久的快乐。真正的幸福往往伴随着艰难和付出！我们回想自己奋斗的历程，体验奋斗过后的满足，才会觉得幸福。有同学说，高三的时候盼望着快一点结束痛苦的备考阶段，早一点上大学，上大学后觉得为了一个目标艰苦努力的高中生活真是难忘。这些生活经验告诉我们，真正的幸福是为有意义和有价值的事而努力奋斗。

积极心理学派的心理学家塞利格曼在《真实的幸福》一书中指出，快乐是由三项要素构成：享乐、参与和意义。享乐是指吃一顿好吃的、玩一项好玩的游戏等感官快乐；参与是指对家庭、工作、爱情与兴趣的投入程度；意义是指发挥个人长处，达到更大的目标。三项要素之中，享乐带来的快乐是最短暂的，参与和意义比享乐重要，能带来持久的幸福。社会心理学家埃德·迪纳对幸福感的相关研究进行了综述，得到如下结论：并不存在最快乐的年龄；幸福快乐不存在性别差异；幸福快乐的种族差异微小；金钱买不来幸福，一旦生活必备条件（如食物、住所和安全）满足以后，幸福快乐与收入之间的相关性会变得非常微弱。那些最快乐的人并不是得到自己想要的东西的人，而是那些对所拥有的东西感到满足的人；那些有精神寄托和信仰的人通常觉得自己幸福。由此看来，追求金钱和财富并不一定能最终获得幸福。幸福与满足感相关，满足感来自良好的自我评价，只有奋斗才能有良好的自我评价，奋斗让人感觉人生没有白过。因此，奋斗者是精神最为富足的人，也是最懂得幸福、最享受幸福的人。

另外，如果沉迷于享受，可能会陷于享乐主义，结果不仅无法获得幸福，还可能陷于好逸恶劳甚至违法犯罪。享乐主义认为，幸福是最大限度地享受愉悦，最少限度地体验痛苦。这种人生观在现实中有很多的表现，比如：今朝有酒今朝醉；人生就是吃喝二字；只要能够享受此时此刻的感官享乐，就不惜一切代价。也有人为了过所谓富裕的生活，不惜借贷、欺骗用于吃喝玩乐、旅游、打游戏，最后甚至走上违法犯罪的道路。追求享乐主义的幸福会带来一定的危害，对个人来说，它会使人贪图安逸，缺乏积极进取和艰苦奋斗的精神，也可能导致过度消费，为了金钱不惜违法犯罪。对社会来说，享乐主义使社会凝聚力降低，使人们缺乏建设和创造的动力，历史上因骄而奢、由奢而亡的例子数不胜数。在中华民族伟大复兴的道路上，我们要警惕享乐主义的影响。

这里，把习近平总书记的一段话送给大家：只有奋斗的人生才称得上幸福的人生。奋斗是艰辛的，艰难困苦、玉汝于成，没有艰辛就不是真正的奋斗，我们要勇于在艰苦奋斗中净化灵魂、磨砺意志、坚定信念。奋斗是长期的，前人栽树、后人乘凉，伟大事业需要几代人、十几代人、几十代人持续奋斗。

2. 人生要乐观

不知道大家会不会关注这样的新闻，例如：某某大学的学生因为失恋（或者因为找不到理想的工作，或者因为与老师发生矛盾）等，而选择极端行为。到底是什么使得原本具有很多资源的人选择不归路，而像霍金这样的人却能够坚强地生活并且有所成就呢？我想一个重要的原因是：他们的人生态度有所不同。乐观的人生态度对人生道路非常重要。

乐观是什么呢？乐观是对未来目标和期待的肯定和带有愉悦情感的评价。积极乐观是承受挫折和困难的心理基础，它是人的重要的心理品质。人生是丰富多彩的，也充满了各种矛盾和问题，人生是由遇到一个又一个的问题又解决一个问题又一个问题而组成的。在大学阶段，每个人都会遇到有关学习、恋爱、就业等的各种实际问题，许多问题的处理结果不会总是尽如人意，可能会让人失望，让人经历暂时的困难、挫折。乐观与希望能够有效地增进健康，乐观信念能够保护人们免除疾病，乐观向上的情绪促使大脑产生“安多芬”，使人在畅快的情绪感受下，充分发挥自己的潜能。积极思维模式有利于应对困难和挫折。以积极模式看待问题，就能从危机中看到转机，从困难中看到希望，从挫折中看到机会，因此积极乐观的精神对大家的成长、成才非常重要。

下面我们重点来讲讲怎样培养乐观的心理品质。树立马克思主义信仰是培养乐观精神的关键。马克思主义具有真正的革命的乐观主义精神，是大乐观。大乐观是指对未来生活和社会发展充满信心和肯定，是大方向的乐观情绪和乐观行为。

大家都学过唯物辩证法，唯物辩证法是马克思主义的思想和方法，是我们认识和改造世界的方法论。它可以促使人们积极乐观地、具有远见地看待自己和外部世界，这种看待事物的基本观点有助于培养人们积极的思维模式。在唯物辩证法的视野中，世界万物是发展的。发展是指事物上升的运动，具有永恒性；本质上，旧事物灭亡，新事物就会产生。既然事物的发展呈上升的态势，并且这种趋势是永恒确定的，那么当事物向下运动时，我们知道这只是事物存在和发展的过程，仍能预测新事物必将产生，事物仍会不断发展进步。这种事物发展的观念，有助于人们形成积极的思维方式。持积极思维模式意味着积极正向地看待自己、看待社会，看待自己和社会的关系，也就是俗话所说的“凡事往好处想”。辩证地看待事物、在利弊的两方面中更看重“利”的一面，以这样的思想和方法看待现实世界就是积极的思维模式。我们常说：“前途是光明的，道路是曲折的。”这就是积极思维模式的简洁、典型的表达。

以马克思主义的基本观点和立场看待人生，就会拥有正确的顺逆观，就可能在逆境中保有乐观。生命中最伟大的光辉不在于永不坠落，而在于坠落后总能再度升起。2002 年，那是华为的冬天，科技行业泡沫破灭，公司几乎崩溃。“我无力控制，有半年时间都是噩梦，半夜常常哭醒”，“研发失败我就跳楼”，这是任正非在华为创业维艰期说出的话。那时他先后历经爱将背叛、母亲逝世、国内市场被“抢食”、国外市场遭遇诉讼、核心骨干流失……他每天工作十几个小时，依旧深感无力。但即便在黑暗里哭泣，任正非呈现给员工的依旧是充满斗志的状态。任正非历次讲话文件被外界奉为圭臬，而主旨只有一个：身在黑暗，心怀光明，梦想不灭，努力前行。

人生之路不可能一帆风顺，青年最大的资本不是经验丰富、胸有成竹，而是敢于梦想、勇于试错。因一时挫折而灰心丧志，因身处逆境而放弃前行，甚至让享受和偷安在我们内心扎根，那青春何以为青春？在生命力最旺盛的日子里，就该像爬山虎一样，向着心中的梦想不断向上攀爬，把青春的绿色铺满征途。纵然前行之路荆棘密布，只要有那么一股中流击水的劲头，心中有阳光，脚下就有力量。无论道路多险、风浪多大，都是对自己的超越。那些以梦为马、激情奋斗的日子，将成为人生永远的财富。就像习近平总书记所说的，要正确对待一时的成败得失，处优而不养尊，受挫而不短志，使顺境逆境都成为人生的财富，而不是人生的包袱。

培养乐观心态可以从积极思维训练开始。心理学研究表明，乐观的人和悲观的人的重要区别是归因风格不同。归因风格也被称为解释方式，是指个体在长期的归因过程中形成的比较稳定的归因倾向，即个体解释事情发生原因的稳定倾向。对所发生的坏事情的解释方式能够判断一个人是否乐观。我国台湾地区的黄美廉在出生时由于医生疏失，造成她脑部神经受到严重伤害，以致颜面、四肢肌肉都失去功能，6 岁时还不会走路，嘴向一边扭曲，口水都不能止住。就是这样一个人，却取得艺术学博士学位，成为画家和作家。由于她不能通过语言正确地表达自己的意思，每一次演讲，她总是以笔代嘴，以写代讲，人们也称她为“写讲家”。在一次演讲中，一位学生提问说：“黄博士，您从小这个样子，您会认为老天不公吗？在人生的旅途上，您有没有怨恨？”她是这样回答的：“我很可爱！我的腿很长很美！我的爸爸妈妈很爱我！我会画画，我会写稿子！我只看我所有的，不看我所没有的！”这就是黄美廉对自己人生无法逆转的困境的解释。正是这种积极的思维方式让她接纳自己、战胜困难，并做出成就。我们在看待自己和自己生活中的困难时，可以学习这种思考方式。

当然，乐观并不是指一味盲目的乐观。盲目的乐观对实现目标并没有什么好处。在对待具体事情的时候不要盲目乐观，要保持警惕的态度并具有一定程度的危机感，但在大事情上或人生发展的方向问题上，在关系到国家和社会的发展问题上，要保持积极乐观的态度。

同学们，我们要相信生活是美好的，前途是光明的，遇事要想得开，做人要心胸豁达，在生活实践中不断调整心态，磨炼意志，形成乐观向上的人生态度。

三、价值与人生价值

【问题导入】

在电视节目《开讲啦》中，有一期是中国第一位女实习舰长韦慧晓的演讲。她的一段话在网上播出后，引发很多网友转发和点赞。

（播放视频）

她的这段话是这样的：“有两种价值观：一种是戴着非常昂贵的手表，好显示自己身价百倍；另一种是我这种，一块不贵的手表，因为我戴过了，所以身价百倍。”那么，什么样的人不是用豪华的物品为自己增值，但却能让他所拥有的物品因为他（她）而增值呢？请大家思考：什么是价值？什么是人生价值？

（一）人生价值的内涵

我们先简单说一下什么是价值。价值是现实的人的需要与事物属性之间的一种关系，如果事物的属性满足了人的需要，就是有价值的，如果没有满足人的需要就是没有价值的，它体现了人的需要和人的追求。

这说明，价值是评价主体和评价客体之间的关系。以韦慧晓提到的昂贵手表为例，它不但有指示时间的功能属性，而且满足了一些人追求身份地位的需求，因此格外昂贵。这是人们在评价物的价值。那么人生价值是什么呢？人生价值与物的价值不同，它是一种特殊的价值，是人的生命及其实践活动之于社会和个人所具有的作用和意义。

中国自古以来就有对人的价值的思考，庄子云，“天大，地大，人亦大”，“人役物而不役于物”。这些是对人的价值充分肯定的观点。在人类思想中，对人的价值认识主要有四种观点：第一，人的存在是为了证明上帝的伟大；第二，人的价值在于为国家做贡献；第三，人的价值在于占有多少社会财富，所居的社会地位的高低；第四，人的价值在于自我价值和社会价值的统一。我们认为第四种观点是对人的价值的正确理解。对人生价值进行评价的主体包含个人和社会，如果一个人的生命和实践活动满足了自己、他人和社会的需要，他就实现了自己的人生价值。

那么，我们常说的自我价值和社会价值又是什么呢？它们是人生价值包含的两个方面，也就是说人生价值包含着自我价值和社会价值。自我价值是指个体的人生活动对自己的生存和发展所具有的价值，主要表现为对自身物质和精神需要的满足程度。自我价值的评价主体是自己，自己认为自己的实践活动满足了自己的物质和精神需求，自己就实现了自我价值。以韦慧晓为例，她通过实习舰长的工作获得收入报酬，这些收入报酬满足了她生存和发展的需求，她实现了自我价值。人生的社会价值是个体的实践活动对社会、他人所具有的价值。社会价值的评价主体是他人和社会。还以韦慧晓为例，她的实践活动对我们的社会、国家具有重要的价值，国家和社会认为她实现了人生的社会价值，这是因为它实现了自己的自我价值和社会价值，也就是实现了人生价值，网友们才那么“点赞”。

自我价值和社会价值是什么样的关系呢？人生的自我价值和社会价值既相互区别，又密切联系、相互依存，共同构成人生价值的矛盾统一体。人生的自我价值是个体生存和发展的必要条件，人生的自我价值的实现是个体为社会创造更大价值的前提。只有通过自己的实践活动满足自己生存和发展的需求，才有可能为社会创造更大的价值。用大白话说，就是一个人通过诚实劳动获得收入，养活自己和后代，才可能为他人和社会做更大的贡献。那么，怎么才能实现自我价值呢？答案是必须实现社会价值，就是说你的实践活动对他人和社会有用、有价值。人生的社会价值是社会存在和发展的重要条件，人生社会价值的实现是个体自我完善、全面发展的保障。只有个人的实践活动对他人和社会有用，才能保障自我的存在和发展；一个人没有社会价值，人生的自我价值就无法实现。由此可见，实现自己的社会价值非常重要。

韦慧晓说的价值观就是对人的社会价值的肯定。韦慧晓不是买不起名牌手表，但这不是她的志向，她要最大限度地实现自己的社会价值。“一块不贵的手表，因为我戴过了，所以身价百倍。”这块手表被赋予了更高的精神价值。一个普通的事物因为它的拥有者而具有了高的价值，这说明这位拥有者的价值不是用物品来衡量的，而是用他人、社会、国家乃至人类的需要来衡量的。

对人生价值的理解有助于我们思考自己的人生追求。我们的人生，是仅仅追求自己生活需要的满足还是为他人和社会有所贡献？如果认为人生价值就是追求奢侈豪华的物质，就可能陷入拜金主义的泥潭。一般来说，重视金钱无可厚非，通过诚实劳动获得金钱报酬、实现自我价值，这是值得自豪的事情。但如果重视金钱超过了合理的程度，把金钱作为人生的唯一目的，人就变成了金钱的奴隶，个人生命的意义就会如人们所形容的那样，“可怜到只剩下钱了”，这样的人生观就是拜金主义的人生观。

拜金主义作为一种社会思潮是伴随着资本主义的发展而形成的，最初的形式是商品崇拜，后来发展为商品拜物教，最后演变为拜金主义。在拜金主义者的眼中，世界上的一切事物都与金钱有关，人生价值以占有金钱的多少来衡量，金钱成为衡量人生价值的唯一标准。拜金主义的本质是一种认为金钱可以主宰一切、把追求金钱作为人生至高目的的思想观念。拜金主义在经济领域、政治领域、日常生活中都有所影响，“有钱能使鬼推磨”，“宁在宝马车里哭不在自行车后笑”都是拜金主义的典型表达。拜金主义是引发自私自利、人情脆弱、行贿受贿、贪赃枉法这些丑恶现象的重要思想根源。

了解了自我价值和社会价值的关系，我们就知道，如果不追求社会价值的实现，就不可能实现自我价值；人生价值的追求在于实现个体的自我价值和社会价值。只有为他人和社会创造价值，才可能实现自我价值。我们要向韦慧晓这样的时代楷模学习，成就自己的精彩人生。

（二）人生价值的评价

现代社会信息特别发达，打开手机，会看到各种各样的人、各式各样的人生。有斥巨资上亿元举办豪华婚礼的娱乐明星，有在短视频上教人生活妙招的小白，也有获得诺贝尔奖的科学家、文学家。对这些人怎么评价呢？他们的人生价值有高低之分吗？怎样活是有价值的？什么样的人实现了自己的人生价值？怎样最大限度地实现自己的人生价值？这些问题是青年学生时不时碰到的问题。今天我们来探讨对人生价值的评价。

人的本质属性是人的社会性，正是人的社会性决定了人生的社会价值是第一位的。因此，评价人生价值的根本尺度，是看一个人的实践活动是否符合社会发展的客观规律，是否促进了历史的进步。在今天，衡量人生价值标准最重要的是看一个人是否用自己的劳动和聪明才智为国家和社会真诚奉献，为人民群众尽心尽力服务。依据人生价值的标准，娱乐明星、民营企业的领袖、在短视频上教人生活妙招的小白、获得诺贝尔奖的科学家文学家，只要他们用自己的诚实劳动，为社会、国家有所贡献，对他人有意义、有作用，他们都是有价值的，都实现了自己的人生价值。

但是，我们可能还会问，他们的人生价值是相等的吗？是不是价值有高低之分呢？一般情况下，对社会、国家甚至人类贡献越大，人生价值就越大，反之亦然。客观、公正、准确地评价社会成员人生价值的大小，除了要掌握科学的标准之外，还需要掌握恰当的评价方法，以下是三种评价方法。

首先，既要看贡献的大小，也要看努力的程度。每个人的职业不同、能力大小不同，对社会贡献的绝对量也不同，不能简单地认为能力大的人就实现了人生价值，能力小的人就没有实现人生价值。考察一个人的人生价值，要把个人对社会的贡献同他的能力以及与能力相对应的职责联系起来。任何人只要在自己的岗位上尽职尽责，兢兢业业，就应该对他的人生价值给予了积极肯定的评价。

《中国青年报》“冰点周刊”报道了济南公交司机苏力红的事迹。苏力红50岁退休的时候，她的丈夫为她做了总结：她工作这些年总计行驶了60万公里，工作期间做到了零投诉、零事故，单位里的司机无不称赞。她的成绩让人对普通的劳动者充满敬意。苏力红的存在对搭乘她驾驶的公交车乘客来说意义重大，是他们生活的日常，是让他们便利、安心的“存在”。司机苏力红与其他社会的知名人士一样具有巨大的社会价值，她实现了自己的人生价值。

其次，既要尊重物质贡献，也要尊重精神贡献。评价人生价值，既要看一个人对社会做出的物质贡献，也要看他对社会做出的精神贡献。青年学生追星的不少，怎么看待明星的价值呢？一些明星因自己的敬业和才华为大众创造了优秀的文艺作品，或者通过自己的各项活动为社会做出了精神贡献，他们是具有很高的人生价值的。我的几个学生做了一项关于大学生追星的调查研究，他们的调查数据显示：73.93%的受访者认为看到喜欢的明星会让自己心情变好，71.37%的受访者会以偶像作为榜样提升自己，64.96%的人认为明星会给他们传递正能量。明星的影响力在于他们创造的精神价值。由此可见，评价人的人生价值既要看他们所创造的物质劳动成果，也要看到他们所创造的精神成果。我们在实现自己人生价值的过程中，既要重视物质生产劳动，也要重视精神生产劳动；既要为社会贡献物质文明成果，也要为社会贡献精神文明成果。

最后，既要注重社会贡献，也要注重自身完善。人生的社会价值是实现人生自我价值的基础，评价人生价值的大小应当主要看一个人对社会所做的贡献，但这并不意味着要否认人生的自我价值。人的自我完善和全面发展、人生自我价值的实现是社会发展的根本目标；而人生自我价值的实现，又有助于个体为社会创造更大价值。因为发现了青蒿素而获得诺贝尔科学奖的屠呦呦，挽救了全球特别是发展中国家的数百万人的生命，她对世界和人类做出了巨大的贡献。除了科学研究，她的生活异常简单，几乎没有什么个人生活，人们对她非常崇拜和尊敬。而另一位同样做出巨大社会贡献的科学家袁隆平的个人爱好曾经引起网友的议论。据说袁隆平喜欢汽车，“家里已经有六七辆车”。对袁隆平买车，网民一边倒地支持：“袁老就是有七八架私人小飞机也配！”他对社会的贡献配得上拥有自己喜欢的汽车。袁隆平是能让中国人吃饱饭的“男神”，获得了太多的奖项和荣誉：2018年9月8日，袁隆平等人获得未来科学大奖之“生命科学奖”；2018年12月18日，党中央、国务院授予袁隆平改革先锋称号，颁授改革先锋奖章。依据他的能力和贡献，他理应获得高回报，社会给予的报酬足够他买高档汽车，如果说汽车可以满足自我的需要，能为自我发展和社会贡献提供动力的话，买汽车也是完善自身的一种形式。从人生价值的角度来看，袁隆平实现了完善自身价值和做出社会贡献的统一。

总之，评价人生价值以社会价值为根本标准，在具体评价中要做到坚持能力大小与贡献相统一、物质贡献与精神贡献相统一、完善自身与贡献社会相统一。我们要从社会客观条件出发，从个体自身条件出发，不断增强能力和本领，在实践中努力实现自己的人生价值。

四、成就出彩人生

【问题导入】

第十四届中国大学生年度人物中有个小伙子叫张琦，他是华东理工大学化学与分子工程学院应用化学专业 2015 级博士研究生。在自己专业上取得的成果令人刮目相看。他在做本科毕业设计时，重新设计并成功开发出了新一代光响应智能纳米材料；成功地在实验室中人工合成出分子机器——只有头发丝直径万分之一大小的人造分子肌肉，实现了我国科学家在人工分子机器这一重要领域的一大突破；他发现了一类原始创新超分子聚合物，可以将自修复聚合物材料的断裂伸长率指标提升到国际领先的 150 倍。他把这些成果发表在国际顶级期刊上，而且有的文章还以第一作者身份与诺贝尔化学奖得主费林加教授共同在 *Science Advances* 杂志上发表。张琦攻读博士学位以来，连续 3 年获得博士生国家奖学金，并在 2018 年被美国化学会评为“未来领袖者”，该奖项在全球范围内仅 30 名入选者。他至今已在国际 SCI 期刊上发表 24 篇论文，论文被引 300 余次，单篇最高被引 50 次，解决了多项国际前沿科学难题，国内外知名学术期刊和媒体多次报道其成果。从他的身上你学到了什么？

（一）人生价值实现的条件

党的十八大以来，习近平总书记对青年寄予厚望，对青年发展谆谆教诲。2013 年 5 月 4 日，习近平总书记同各界优秀青年代表座谈时深刻阐述道：现在，青春是用来奋斗的；将来，青春是用来回忆的。习近平总书记强调：历史和现实都告诉我们，青年一代有理想、有担当，国家就有前途，民族就有希望，实现中华民族伟大复兴就有源源不断的强大力量。2018 年 5 月 2 日，习近平总书记在北京大学师生座谈会上的讲话中提出：当代青年是同新时代共同前进的一代。我们面临的新时代，既是近代以来中华民族发展的最好时代，也是实现中华民族伟大复兴的最关键时代。广大青年既拥有广阔发展空间，也承载着伟大时代使命。青年是国家的希望、民族的未来。我衷心希望每一个青年都成为社会主义建设者和接班人，不辱时代使命，不负人民期望。对广大青年来说，这是最大的人生际遇，也是最大的人生考验。2019 年 7 月 16 日，习近平总书记考察内蒙古时来到内蒙古大学，又一次指出：少年强则中国强。看到年轻人健康聪明、奋发向上，充满正能量，心里十分高兴。长江后浪推前浪，青出于蓝而胜于蓝，未来是属于年轻人的。在中华民族伟大复兴的进程中，你们生逢其时，何其幸也。再过 30 年，到本世纪中叶实现第二个百年奋斗目标的时候，你们正好是国家的骨干和栋梁。大家要志存高远、脚踏实地，学好知识，打好基础，增长才干，将来为中华民族伟大复兴贡献自己的智慧和力量。

在新时代，国家和社会需要像张琦这样成就出彩人生的大学生。大家可以结合自己的专业和特长，尽最大的努力活出自己的精彩。

首先，人生价值实现是需要一定的社会条件的。实现人生价值要从社会客观条件出发。我们处在中华民族伟大复兴的战略全局和世界面临百年未有之大变局的交汇期中，世界力量对比正在发生巨大变化，要紧紧抓住中华民族伟大复兴的奋斗目标。党的十九届五中全会提出，全面建成小康社会、实现第一个百年奋斗目标之后，我们要乘势而上开启全面建设社会主义现代化国家新征程，向第二个百年奋斗目标进军，这标志着我国进入了一个新发展阶段。新的发展阶段为广大青年的成长、成才提供了广阔的舞台，大学生的个人发展要和国家的发展同向同行，只有这样才能实现自己的人生价值。

其次，人生价值实现需要个人的努力。实现人生价值要从个体自身条件出发。认识自己是实现自己的人生价值的基础，在认识自己的过程中，尤其要认识自己的优势和潜能，只有这样才能为社会、为国家做出最大的贡献。可以通过实践、练习、与同伴交流，思考与发掘自己的优势潜能，规划自己的人生之路。比如可以思考以下问题：回顾自己人生中让自己最有成就感同时也最快乐的事；当你感觉烦恼时，什么事能让你尽快解脱？有什么事让你愿意付出很大的代价去追求？通过思考这些问题去发现自己的优势潜能。优势潜能是一种客观存在，不要忽视它。只有学习以更广阔的视野去看待世界，我们才能有更多的机会发现自己的潜能，并最终完成我们的使命。大学是长本领的重要时期，我们要不断提高自身的能力，增强实现人生价值的本领。在未来的职业生涯中立足现实，坚守岗位，同时要有自强不息的奋斗精神，这些都是实现人生价值的条件。

（二）人生价值实现的路径

成就出彩人生就要与历史同向、与祖国同行、与人民同在，在服务人民、奉献社会的实践中创造有意义的人生。

1. 与历史同向

当代大学生要正确认识世界和中国发展大势，尊重、顺应历史的选择和人民的选择，准确把握中国发展的重要战略机遇，提升民族自信心，增强时代责任感，与历史同步伐，与时代共命运。青年应在思想认识上具有承担时代使命的自觉性，了解新时代的新条件、新情况、新挑战，把个人的人生目的与时代紧紧联系在一起，自觉地把谋划人生和创造历史结合起来。青年应为自己的使命实现做好精神准备、能力准备，树立远大理想，坚定社会主义信念；在学习的过程中求真求实，提高各项综合能力。我们要像前面所讲的优秀大学生张琦一样，投身社会实践、增长个人本领，在实践中了解自己的优势，最大限度地发挥自己的优势，为社会和国家做出贡献。

2. 与祖国同行

青年只有自觉地将人生目标同国家和民族的前途命运紧紧联系在一起，才能最大限度地实现人生价值。回溯历史，五四运动时期，青年学生勇立时代潮头，为救亡图存奔走呐喊；新民主主义革命时期，为国捐躯的青年典范不胜枚举；中华人民共和国成立以来，也有无数青年学生积极投身社会主义现代化建设事业，展现时代风貌，勇于开拓进取。当代中国正处于中华民族伟大复兴的关键时期，建设社会主义现代化强国任重道远。当代大学生要正确认识国家和民族赋予的历史责任和使命，自觉与国家、民族共奋进同发展。

3. 与人民同在

人民群众是历史的创造者，是国家的主人。人民的需要就是我们前进的方向。大学生要在为人民群众服务、实现人民群众利益的过程中实现人生价值。只有走与人民群众相结合的道路，向人民群众学习，从人民群众中汲取营养，做中国最广大人民根本利益的维护者，才能使自己的人生大有作为。人的一生只能享受一次青春，如果一个人在青年时就把自己的人生与人民的事业紧密相连，那么他所创造的就是多彩的青春。

大家知道，我们今天正处于世界百年未有之大变局和中华民族伟大复兴的战略全局同频共振的关键期，正赶上改革开放已经走过千山万水但依然需要跋山涉水的攻坚期。“00后”作为实现中华民族伟大复兴这一百年梦想的最后一棒冲刺者，作为寄托着家庭、父辈、民族和国家多重希望的后浪，应充分认识到学习绝不仅仅是为了应付几场考试，我们的考卷是要写在中国大地上的，是要用我们全部的人生实践来作答的。它能那么漫不经心吗？它能随性任意涂鸦吗？正确的人生观、科学的价值观、优秀的道德观和尊崇法治的观念，是一个大写的人立足社会的四大支点，也是答好人生使命这张答卷的四大要义；这四大支点作为人之脊梁，一个都不能少。

只有这样，我们才能行稳致远。要以科学的理想信念为魂，以中国精神为气，以人生观、价值观、道德观和法治观为脊梁，让自己的人生顶天立地，不断增强做中国人的志气、骨气、底气，树立为祖国为人民永久奋斗、赤诚奉献的坚定理想，成为“C位出道的锦鲤”！

典型案例：

袁隆平，中国工程院院士，其在杂交水稻生产技术方面的成就，使中国杂交水稻研究居于世界领先地位；他是世界上第一个成功培育籼型杂交水稻的人，杂交水稻也作为中国第一个农业技术专利而转让给美国这样的传统农业强民；袁隆平因其成就，获得了中华人民共和国成立以来第一个国家特等发明奖，以及联合国世界知识产权组织“杰出发明家”金质奖章、联合国教科文组织“科学奖”等一系列荣誉。

2021年5月22日13时7分，袁隆平院士在湖南长沙湘雅医院去世，享年91岁。在获得“共和国勋章”的10天前，袁隆平迎来了自己的90岁生日，他笑称，自己已经从“80后”升级为“90后”，未来要健康快乐超百岁，就像超级稻攻关一样，不断超越新目标。多年来，袁隆平领衔的科研团队通过走形态改良和杂种优势相结合的技术路线，成功攻克水稻超高产育种难题，不断刷新亩产产量。目前，超级稻计划的五期目标已全部完成，分别是亩产700公斤、800公斤、900公斤、1 000公斤、1 100公斤。据统计，从1976年到2018年，杂交水稻在全国累计推广面积约85亿亩（约5.67×10^6平方千米），增产稻谷8.5亿吨，每年因种植杂交水稻而增产的粮食，可以多养活约8 000万人口。

案例分析：

人生价值目标要与符合人类社会发展规律的社会主义核心价值体系相一致。社会主义核心价值体系是中国特色社会主义社会的主流价值，体现了和谐社会建设所需要的文化认同和价值追求，我们要学会运用科学的世界观和方法论，正确认识社会发展规律，正确把握社会思想意识中的主流和支流，正确辨识社会现象中的是非、善恶、美丑，确立与社会主义核心价值体系相一致的人生价值目标。面对占全世界 1/5 人口的中国的温饱问题，袁隆平进行杂交水稻研究并获得了成功，这对中国乃至世界都是件极其伟大的贡献，也充分体现了袁隆平在相应的社会环境中实现了其人生的价值。

袁隆平常说，自己有两个梦想，一是禾下乘凉梦，一是杂交水稻覆盖全球梦。如今，水稻高产的梦想变成现实，杂交水稻也在印度、越南、菲律宾、美国、巴西等国家大面积种植。为了实现梦想，袁隆平和科学家们一直在努力，从未停止探索的步伐。美国一位学者说，袁隆平使"饥饿的威胁退却，引导我们走向一个营养充足的世界"。这是中国科学家对人类、对世界的贡献，也是对历史、对文明的贡献。

每个人都有其自身的价值，要在社会合作的基础上通过自身实践实现人生价值。袁隆平正是通过自身的努力实现了自身价值。学习袁隆平精神，就是做一个有价值的人。

教学小结

专题总结：

本专题以人生观、价值观为主题，通过启发式、案例式以及课堂谈论等形式对人的本质，人生观的含义、主要内容，价值观的含义、构成与评价进行讲授，促使学生树立正确的人生观、价值观，提高学生辨别、分析和解决问题的能力。通过学生、同行和专家的反馈，教学效果达到既定目标。总结教学经验，可以归纳出以下三点：第一，教学内容要突出科学性和理论性；第二，教学方法要突出灵活性和多样性；第三，理论与实践相结合，要设置相关环节把所学内容应用到实际生活中。

学习思考：

【教学效果】

从学生学习成绩、评教反馈、社会实践等方面可以看出：教学效果良好，学生考试结果及卷面内容反映基本达到了教学的思想目标、知识目标和能力目标。课程学评教近五年一直在 90 分以上，学生部分反馈如下：学习了很多知识，非常有用；老师讲课十分细致，内容十分吸引我，让我懂得很多道理；老师与我们积极互动，提高了我们的思想道德修养；合理有效，循序渐进，重点突出，联系实际，激发兴趣，是一位非常好的老师，真的可以称为学生学习路上的引路人。

从同行和专家的听课点评中也可以看出，课程教学效果良好。同行肯定了教学方法中互动式、讨论式的教学环节（效果好）；督导专家对教学内容的理论阐释，尤其是通过理论阐释解决学生的实际思想困惑给予高度肯定，对教学效果给予高度评价。

从学生的实践成果和实践活动也可以看出教学效果良好。学生拍摄的小视频体现了其奋斗的人生追求；在各项学校活动（如辩论赛中），学生也展现了马克思主义理论底蕴；课下的师生讨论也体现了教学内容对学生思想理论水平、思想境界的有益影响。

【教学经验】

教学内容要突出科学性和理论性。思想政治理论课的教学内容是具有科学性的。以本专题为例，正确的人生观和价值观建立在对人的本质这一根本问题的科学认识基础上，马克思主义揭示了人的本质，因而在教学中要讲出其学理性，展现马克思主义真理的魅力。另外，教学内容突出科学性和理论性满足了大学生对政治理论水平提升的需求。思想政治理论课一体化的要求使不同阶段的教学目标具有一定的差异性，大学阶段的学习目标要在提升理论水平上下功夫，在教学中不但要列举案例来说明理论，而且要注意学理阐释。

教学方法要突出灵活性和多样性。为适应时代发展和学生要求，要探索灵活多样的教学方法。科技的发展使多样灵活的教学方法成为可能，当代青年习惯于声光影像的学习形式，因此，利用多媒体进行教学是非常必要的；

但也要利用好传统的教学方法，比如启发式教学、案例式教学等。在具体教学过程中，要用与学生密切相关的好问题激发学生的学习兴趣，用与学生关注的新案例进行教学；此外，教学视频的时长和内容的选择很重要。

理论与实践相结合，要设置相关环节把所学内容应用到实际生活中。充分相信新时代大学生思考问题、解决问题的能力，设置实践作业促进学生各方面能力的发展。比如，参与一项志愿服务活动并写感想；做一两件快乐的事，并思考什么样的事会使自己持久快乐；访谈家中长辈，谈论什么是人生最重要的事，并与家长一起制定人生规划等。

【改进措施】

首先，阅读、钻研马克思主义经典著作，提高马克思主义理论素养。

其次，关注社会热点问题，在教学内容上选取与时俱进的案例。

最后，对学生的思想状况进行调查研究，在教学中真正解决学生的思想问题和思想困惑。

阅读文献：

[1] 习近平．习近平的七年知青岁月［M］．北京：中共中央党校出版社，2017.

[2] 习近平．纪念五四运动 100 周年大会上的讲话［M］．北京：人民出版社，2019.

[3] 爱因斯坦．我的世界观［M］．北京：中信出版社，2018.

[4] 钱穆．人生十论［M］．北京：生活·读书·新知三联书店，2012.

[5] 陈先达．哲学与人生［M］．北京：中国青年出版社，2018.

（执笔人：徐辉　郝然）

专题三　追求远大理想　坚定崇高信念

教学简况

课时安排：

4课时。

教学目标：

思想目标。根据党的十八大以来习近平总书记关于为什么要坚定理想信念，如何坚定理想信念，以及面向全社会怎样开展理想信念教育的重要思想，以马克思主义为指导，以培养时代新人为准则，使学生确立和坚定崇高的理想信念，激发学生为民族复兴和人民幸福而奋斗的强烈责任感和使命感。

知识目标。通过知识点的层层剖析，从理想信念的基本理论问题入手，使学生了解理想、信念的含义、特征、类型及其相互关系等，深入理解理想信念在人生发展中的重要作用，明确坚定马克思主义科学信仰、胸怀共产主义远大理想、树立中国特色社会主义共同理想的价值和意义，坚持个人理想和社会理想的统一，在实现中国梦的伟大实践中放飞青春梦想。

能力目标。通过案例分析、课堂讨论、师生互动等教学环节，使学生明白理想信念是人精神世界的核心，是“精神之钙”；通过联系革命英雄人物以及新时代优秀党员、大学生的先进典型事迹，使学生坚定崇高的理想信念，勇于担当历史重任，为实现中华民族伟大复兴的中国梦而奋斗。

教学重点：

在讲授中突出问题意识，不错过热点问题，不回避尖锐问题，遵循论证逻辑，有层次、有深度、有理有据地说清楚讲明白关涉理想信念的基本理论知识，阐明理想信念何以是“精神之钙”，大学生应该如何坚定理想信念等重要问题。

教学难点：

理想信念既是理论问题，又是实际问题。教学难点在于如何将理论问题用学生喜闻乐见的方式和通俗化的语言讲清楚，彰显理论魅力、提升课堂吸引力，使学生明了树立崇高的理想信念对大学生成长成才的重要意义。

教学过程

一、人为什么要有崇高的理想信念

【问题导入】

大家已经在线上学习了本章的主要内容：一是理想、信念的内涵与特征，二是理想与信念的相互关系。那么，大家是否进一步思考过：漫长的人生之路上，是什么在引导我们一路前行？人为什么要有崇高的理想信念？

（一）理想信念是精神之“钙”

提问：习近平总书记在十八届中央政治局第一次集体学习时首次提出，理想信念就是共产党人精神上的“钙”。在同各界优秀青年代表座谈时，习近平总书记又强调，理想指引人生方向，信念决定事业成败。没有理想信念，就会导致精神上“缺钙”。那么，理想信念究竟发挥了怎样的作用，才能被称为精神之“钙”呢？

解答：在人体中，钙只约占人体重量的1.5%~2%，但却是人体所需的一种重要成分，钙是人骨骼的支撑，如果没有钙，人连直立行走都不可能。人的精神世界也需要“钙”的支撑，这就是人的理想信念，理想信念是人精神世界的支柱。没有它，人的精神大厦就无法构筑。

讲述：

1. 指南针：以理想昭示奋斗方向

李大钊曾经说，青年啊，你们面临开始活动以前，应该定定方向。譬如航海远行的人，必先定个目的地，中途的指针，总是指着这个方向，才能有达到那目的地的一天。若是方向不定，随风飘转，恐怕永无达到的日子。

因此确定方向非常重要，理想指明了人生的奋斗方向。心中有目标，才能沿着既定的方向不偏不倚地一路前行。出席中共一大的有来自全国各地的代表共 13 人，他们代表了全国 50 多名党员，共同见证了这一历史时刻。在后来的革命征途中，他们有的献身革命矢志不渝，成为人民英雄或开国领袖和元勋；有的脱党、叛党，成为人民的敌人。因此，只有确立了崇高的理想，才能经受艰难曲折的考验，最终走向胜利。

2. 助力器：以信念补足精神动力

信念能够调动人的一切潜能，推动人去完成超出人的肉体组织所能达到的奇迹。在革命战争年代，中国共产党领导人民用小米加步枪战胜拥有飞机大炮的敌人，靠的就是革命必胜的信念，正如邓小平所说：为什么我们过去能在非常困难的情况下奋斗出来，战胜千难万险使革命胜利呢？就是因为我们有理想，有马克思主义信念，有共产主义信念。在和平年代，支撑人们去披荆斩棘、创造奇迹的依靠的依然是信念的力量。

2020 年注定是不平凡的一年，面对突如其来的疫情，以习近平同志为核心的党中央发出了疫情防控的动员令，各级党组织、广大党员迅速行动，积极投入抗疫的人民战争之中。共产党人挡在群众身前，冲在抗疫一线。84 岁高龄的钟南山院士第一时间赶到武汉，用科学、智慧和担当，为战“疫”出谋划策；武汉金银潭医院院长张定宇与病魔抗争的同时，用渐冻的生命，托起抗疫胜利的信心与希望；大年初二，陈薇院士带队驰援武汉，开展应急科研攻关，连续奋战 113 天，和全国人民一同打赢了这场艰苦卓绝的抗疫斗争。面对疫情，他们是逆行者，不躲、不畏、不惧；面对国家和人民，他们又是顺行者，担责、担难、担险，这背后是他们“风雨不动安如山”的坚定信念在闪耀光芒。

3. 涅槃石：以信仰提升精神境界

生命的有限性和欲望的无限性之间的矛盾始终存在。有的人在物欲中沉沦，而有的人选择了超越；有的人沉溺于现实的享乐，有的人却走上了另外一条路，在追寻崇高理想的征途上超越了生命的有限。雨果曾经说过，人有了物质才能生存，人有了理想才谈得上生活。你要了解生存与生活的不同吗？动物生存，而人则生活。人离不开对物质的依赖，更离不开对精神的追求。理想信念一方面避免人内心的空虚和迷茫，另一方面引导人不断追求更高的人生目标，提升人的精神境界，塑造高尚人格。正如习近平总书记所说：人的一生只有一次青春。现在，青春是用来奋斗的；将来，青春是用来回忆的。心有所信，方能行远。面向未来，走好新时代的长征路，我们更需要坚定理想信念、矢志拼搏奋斗。

小结：理想信念在人生中的根本性作用就是赋予人生以意义感。一个有着崇高理想和坚定信念的人会感觉到自己的人生是有价值的、有意义的；反之，则会觉得人生空虚，不知意义为何。作为新时代大学生，我们只有踔厉奋发，笃行不怠，才能不负青春，不负时代。希望大家在人生最重要的阶段，尽快树立崇高的理想信念，勇于担当起这个时代赋予我们的历史使命，共创美好未来！

（二）树立崇高理想信念

提问：大家有时调侃，"理想理想，有利就想"；还有人说远大的理想如同镜中花、水中月，有没有也没有多大关系。你怎么看？

解答：青年只有树立崇高理想信念，才能激发起为民族复兴和人民幸福而发奋学习的强烈责任感和使命感，掌握建设祖国、服务人民的本领。在新时代，什么样的理想信念值得毕生坚守、终生奋斗呢？

讲述：马克思主义是崇高的理想信念。尽管我们所处的时代同马克思所处的时代相比发生了巨大而深刻的变化，但从世界社会主义500年的大视野来看，我们依然处在马克思所指明的历史时代。

1. 马克思主义是科学的理论

最近的这一次世纪之交，西方多国掀起评选千年伟人的活动。1999年，由英国剑桥大学文理学院教授发起评选"千年第一思想家"的活动，马克思位居第一，被评为千年以来最伟大、最有影响的思想家；同年9月，英国广播公司以"谁是本千年最伟大的思想家"为题，在全球互联网上公开征询投票一个月，结果仍然是马克思位居第一。2005年7月，英国广播公司以古今最伟大的哲学家为题，调查了3万名听众，结果马克思得票率仍为第一。主张消灭资本主义的马克思为什么会被西方评为“千年第一思想家”呢？

列宁指出：马克思主义学说具有无限力量，就是因为它正确。马克思主义的三大理论来源代表着 19 世纪上半叶为止人类思想的最高成就；马克思主义深刻揭示了自然界、人类社会、人类思维发展的普遍规律，为人类社会发展进步指明了方向；马克思主义坚持实现人民解放、维护人民利益的立场，以实现人的自由而全面的发展和全人类解放为己任，反映了人类对理想社会的美好憧憬；马克思主义揭示了事物的本质、内在联系及发展规律，是“伟大的认识工具”，是人们观察世界、分析问题的有力思想武器。恩格斯在马克思墓前的讲话中，作出这样的评价：正像达尔文发现有机界的发展规律一样，马克思发现了人类历史的发展规律。

马克思创建了唯物史观和剩余价值学说，揭示了人类社会发展的一般规律，揭示了资本主义运行的特殊规律，为人类指明了从必然王国向自由王国飞跃的途径，为人民指明了实现自由和解放的道路。因此，马克思主义是科学，它的历史地位和作用已为人们所公认。

2. 马克思主义是人民的理论

习近平总书记指出：马克思主义之所以具有跨越国度、跨越时代的影响力，就是因为它植根人民之中，指明了依靠人民推动历史前进的人间正道。马克思主义博大精深，归根到底就是一句话——为人类求解放。年仅 17 岁时，马克思就为自己立下“为人类而工作”的理想，并为此奋斗终生，他通过《共产党宣言》向全世界宣告：全世界无产者，联合起来！为人民谋幸福是马克思主义的“初心”，也是马克思主义者的使命。马克思主义经久不衰的根源就在于它的人民性，马克思主义是为改变人类历史命运而创立的学问，它一经产生就成为广大人民群众自由解放的思想武器，是人民的理论。

3. 马克思主义是实践的理论

在伦敦海格特公墓的马克思墓碑上，镌刻着马克思的一句名言：“哲学家们只是用不同的方式解释世界，而问题在于改变世界。”马克思主义深刻影响着世界，也深刻改变了中国。中国共产党人把马克思主义基本原理与中国革命实际相结合，实现了中华民族从站起来、富起来到强起来的历史性飞跃。中国特色社会主义的成功实践，无可辩驳地证明了马克思主义是认识世界和改造世界的强大思想武器。习近平总书记指出：马克思主义不是书斋里的学问，而是为了改变人民历史命运而创立的，是在人民求解放的实践中形成的，也是在人民求解放的实践中丰富和发展的，为人民认识世界、改造世界提供了强大精神力量。

4. 马克思主义是开放的理论

马克思主义是不断发展的开放的理论。2008 年由美国次贷危机引发的金融海啸迅速蔓延全球时，《资本论》却悄然走红。金融危机爆发当年，人们都渴望收到一套《资本论》作为自己的圣诞礼物，《资本论》的销量甚至达到了前一年的近三倍。恩格斯多次强调：我们的理论是发展着的理论，而不是必须背得烂熟并机械地加以重复的教条。马克思主义只要与本国国情相结合、与时代发展同进步、与人民群众共命运，就能焕发出强大的生命力、创造力和感召力。毛泽东曾说：马克思活着的时候，不能将后来出现的所有这些问题都看到，也就不能在那时把所有的这些问题都加以解决。俄国的问题只能由列宁解决，中国的问题只能由中国人解决。

在中国革命、建设、改革各个历史时期，中国共产党坚持马克思主义基本原理同中国具体实际相结合，运用马克思主义立场、观点、方法研究解决各种重大理论和实践问题，团结带领中国人民取得了新民主主义革命、社会主义革命和建设、改革开放和社会主义现代化建设、新时代中国特色社会主义建设的伟大成就。从毛泽东思想、邓小平理论、“三个代表”重要思想、科学发展观，到习近平新时代中国特色社会主义思想，就是一部马克思主义中国化的光辉历史。在当代中国，坚持习近平新时代中国特色社会主义思想，就是真正坚持马克思主义。

小结：马克思主义是科学的理论、人民的理论、实践的理论、开放的理论。无论时代如何变迁、科学如何进步，马克思主义仍然具有强大持久的生命活力。作为新时代的大学生，肩负着国家富强、民族复兴、人民幸福的历史重任，更要确立和坚定马克思主义信仰，以科学的理想信念指引人生前进的道路和方向。

二、大学生应该如何坚定理想信念

【问题导入】

在日常生活中，我们常常会听到这样的声音：“我只想要自己的‘小确幸’，追求平淡的人生可不可以”；“我只是个平凡人，我的努力能影响社会吗”；对此，你怎么看？

（一）将个人梦融入中国梦

解答：这些看法实际指向如何认识“大我”与“小我”的关系的问题。认识清楚这一关系，才能更好地理解个人梦与中国梦的关系。

1.“小我”中蕴藏着“大我”

在某种程度上，“小我”与“大我”的关系实质上就是个人与社会的关系。马克思指出：人的本质不是单个人所固有的抽象物，在其现实性上，它是一切社会关系的总和。每个人都不是孤立的存在，我们每个人都存在于一定的社会关系中，正如鲁迅先生所说：无尽的远方与无穷的人们都与我有关。

因此，我们有责任，这种责任往小了说，是对父母、对亲人、对朋友，而从大处讲就是对他人、对社会。追求平凡，简单生活，本身并没有不妥；但如果我们只顾个人，没有对社会、国家和民族的关心，就可能会把自己禁锢在一个狭小的天地之中。只有走出“小我”，才能发现“大我”，才能更好地释放自己的能力与才华，才能获得内心真正的喜悦和满足。

在一些人的认识里，青年一代仿佛总让人不太放心。与祖辈相比，他们没有经历过战争的洗礼；和父辈相比，他们没有忍受过物质的匮乏，他们常常被贴着“自我”“个性”的标签，正如年轻人所追求的“小确幸”，这样的安于现状，不就成了社会之“大不幸”了吗？但是自由随性不代表不能为国家、民族担当；追求自我也不代表不愿意为祖国、人民奉献。在新冠肺炎疫情这场看不到硝烟的战场之上，我们惊喜地发现，那些嘴上说着“小确幸”的年轻人突然挡在我们身前，骄傲地谱写着属于他们的时代乐章。无论是在前线拼死救援，还是在后方守护家乡；无论是抗击疫情，还是恢复生产，中国青年们的身影无处不在。奋斗在祖国各条战线上的他们，选择逆行、坚守、担当、付出，在祖国最需要的地方绽放青春。正如习近平总书记给北大援鄂医疗队全体“90后”党员的回信中所说：广大青年用行动证明，新时代的中国青年是好样的，是堪当大任的！

世界上本没有从天而降的英雄，不过都是那些平凡人挺身而出，成为人们口中的英雄。我们既不应该只关注个人，忽视社会和国家，也不能把“大我”过分拔高，将其神秘化。要懂得每一个平凡的“小我”都蕴藏着“大我”的责任与担当。

2. 超越“小我”实现“大我”

一代人有一代人的长征路，虽然沿途的风景不同，但从未停下前进的脚步。人民是历史的创造者，历史的进步源自许多个体的行为，大家朝着同一个方向行动，这种合力作用会对社会产生一种积聚性效应，引起社会的变革。恩格斯指出，历史是这样创造的：最终的结果，总是从许多单个意志的，相互冲突中产生出来的……这样就有无数互相交错的力量，有无数个力的平行四边形，由此就产生出一个合力，即历史结果。

每个人心中除了有一个“小我”，还应该有个“大我”，而在紧要关头，在非常的时刻，“大我”是最重要的。季羡林先生曾说：“人类总会越来越好的……想要达到这个目的，必须经过无数代人的共同努力。有如接力赛，每一代人都有自己的一段路程要跑。又如一条链子，是由许多环组成的，每一环从本身来看，只不过是微不足道的一点东西；但是没有这一点东西，链子就组不成。在人类社会发展的长河中，我们每一代人都有自己的任务，而且是绝非可有可无的。如果说人生有意义与价值的话，其意义与价值就在这里……其意义与价值就在于对人类发展的承上启下、承前启后的责任感。”在思考个人成长成才的同时，不止步于个人成就的取得；在认定方向的同时，勇敢承担起时代赋予我们的历史重任，为国家、为民族尽一点力，把自己的生命融入国家和社会的进步中，这也是我们的责任。

小结：明确了“小我”与“大我”的关系，也就能够理解中国梦的广阔舞台为个人梦想的实现提供了更广大的生长空间；每个人为梦想不断奋斗，就是在为实现伟大复兴中国梦贡献力量。青年要把个人发展融入实现中国梦的伟大奋斗中，在奉献“小我”中实现“大我”，在成就“大我”中升华“小我”。

（二）为实现中国梦注入青春能量

提问：青春的步伐如何才能和新时代的车轮同向同行？

解答：青年的理想信念关乎国家的前途和民族的未来。实现中华民族伟大复兴的中国梦也对青年提出了更高的要求，今天我们一起来谈一谈，如何在实践中放飞青春梦想，实现人生理想。

讲述：

1. 立志当高远

《吕氏春秋》提出：凡举人之本，太上以志，其次以事，其次以功。意思是说，古人选择人才的条件，最看重的是志向和理想品德，然后才是能力，最后是功绩。法国微生物学奠基人巴斯德也强调："立志是一件很重要的事情。工作随着志向走，成功随着工作来，这是一定的规律。立志、工作、成功是人类活动的三大要素。立志是事业的大门，工作是登堂入室的旅程。这旅程的尽头就有个成功在等待着，来庆祝你的努力结果。"

人为什么要立志高远？那是因为远大的志向如灯塔，唯其高，才能冲破迷雾，照亮前进的航程。1919 年毛泽东在《湘江评论》的创刊词中这样写道："天下者，我们的天下；国家者，我们的国家；社会者，我们的社会。我们不说，谁说？我们不干，谁干？"一百多年前，毛泽东在《湘江评论》中的发问，至今仍然振聋发聩。这是一个时代的青春宣言，更是无数青年的执着追求。而现在，国家富强、民族振兴和人民幸福，依然是我们的责任所在和使命所系。

2. 立志做大事

1923 年，孙中山在广州岭南大学做演讲时曾说：立志是读书人最要紧的一件事……古今人物之名望的高大，不是在他所做的官大，是在他所做的事业成功。如果一件事业能够成功，便能够享大名。所以我劝诸君立志，是要做大事，不可要做大官。什么是叫作大事呢？大概地说，无论那一件事，只要从头至尾，彻底做成功，便是大事。

17 岁时的马克思，只是特利尔中学里的一名普普通通的学生。当他们的校长兼德文老师胡果·维滕巴赫让学生们各写一篇文章来讨论自己未来理想中的职业的时候，马克思用一篇《青年在选择职业时的考虑》的作文，让校长读后惊为天人、大加赞赏。马克思这样说：如果我们选择了最能为人类而工作的职业，那么，重担就不能把我们压倒，因为这是为大家作出的牺牲；那时我们所享受的就不是可怜的、有限的、自私的乐趣，我们的幸福将属于千百万人，我们的事业将悄然无声地存在下去，但是它会永远发挥作用，而面对我们的骨灰，高尚的人们将洒下热泪。

中学时期的马克思就为自己确立了为人类而献身的伟大抱负，并毅然决然地走上了一条艰苦的革命道路，多次遭到驱逐，多年穷困交加，尽管道路如此坎坷，他仍不懈奋斗，为无产阶级和全人类的解放付出了一生，而支撑他的就是"为人类而工作"这个答案。在今天，做大事就是积极投身中国特色社会主义伟大事业，即使是平凡的岗位，也有属于自己的责任，也能服务祖国和人民，也能创造精彩人生。

3. 立志需躬行

"千里之行，始于足下。"漫长征途需要一步一步地走，崇高理想的实现需要一点一滴地奋斗。人生伟业的建立，不在能知，而在能行。有这样一个小故事。一天，穷和尚对富和尚说："我想去南海朝拜。"富和尚大笑：来回几千里，你怎么去？我几年前就决心雇船去南海，现在依然未能成行。穷和尚答曰："我只要一个饭钵就够了。"一年之后，富和尚依然在"等船来"，而穷和尚已从南海归来。我们周围不乏"等船来"的人，要知道理想的实现需要脚踏实地、埋头苦干。逐梦须有行，圆梦须有恒，大学生志存高远，努力奋斗，才能成就属于自己的人生精彩。

正如2018年5月2日习近平在北京大学师生座谈会上所说：每一项事业，不论大小，都是靠脚踏实地、一点一滴干出来的。"道虽迩，不行不至；事虽小，不为不成。"这是永恒的道理。做人做事，最怕的就是只说不做，眼高手低。不论学习还是工作，都要面向实际、深入实践，实践出真知；都要严谨务实，一分耕耘一分收获，苦干实干。

总结：理想信念是精神之"钙"，理想指引人生方向，信念决定事业成败。新时代的大学生要确立马克思主义的科学信仰，树立共产主义的远大理想和中国特色社会主义共同理想。坚持个人理想和社会理想的统一，在实现中国梦的实践中放飞青春梦想。

典型案例：

2017年5月24日，习近平总书记在对黄大年同志先进事迹作出重要指示时强调，黄大年同志秉持科技报国理想，把为祖国富强、民族振兴、人民幸福贡献力量作为毕生追求，为我国教育科研事业做出了突出贡献，他的先进事迹感人肺腑，我们要以黄大年同志为榜样，从自己做起，从本职岗位做起，为实现中华民族伟大复兴的中国梦贡献智慧和力量。

黄大年是我国著名地球物理学家、国家"千人计划"专家。2017年1月8日因病去世，年仅58岁。黄大年青年时期就立下"振兴中华，乃我辈之责"的宏大志向。他17岁考到地质队工作，成为一名物探操作员；1977年考入大学，从此与地球物理结下一生的缘分。1992年，黄大年被选送至国外大学攻读博士学位，临出国前，他说，"等着我，我一定会把国外的先进技术带回来……我是国家培养出来的，我的归宿在中国"。2009年，黄大年放弃国外优越的生活科研条件，回到了阔别多年的母校。回国后，他作为国家多个技术攻关项目的首席专家，带领科技团队只争朝夕、项强拼搏，取得了一系列重大科技成果，填补了多项国内技术空白，部分成果达到国际领先水平。他秉持“祖国的需要就是最高需要”的人生信条，为实现科技强国梦殚精竭虑，直到生命最后一刻。他常说：“中国要由大国变成强国，需要有一批‘科研疯子’，这其中能有我，余愿足矣！”

黄大年从“物探操作员”到“地球物理学家”，变的是称呼，不变的是他对理想信念的不懈追求。

案例分析：

黄大年同志是新时期归国留学人员爱国报国的先进楷模，是高校教育工作者教书育人的杰出榜样，是践行社会主义核心价值观的优秀代表。他用毕生努力实现了爱国之情、强国之志、报国之行的统一，把个人梦想融入实现中华民族伟大复兴中国梦的壮阔篇章之中，充分展现了一名新时期归国留学人员和高校教育工作者的奉献精神和崇高品格。

大学生肩负实现中华民族伟大复兴的中国梦的历史重任，只有把实现理想的道路建立在脚踏实地的奋斗上，做到以下几点，才能放飞青春梦想，实现人生理想。

第一，立志当高远。青年时期是理想形成的重要时期，也是立志的关键阶段。

第二，立志做大事。要立志做大事，不要立志做大官。青年要以国家民族的命运为己任，而不要以个人的荣华富贵为人生的理想。

第三，立志须躬行。漫长的征途需要一步一步地走，崇高理想的实现需要一点一滴地奋斗。

第四，伟大出自平凡。社会需要杰出人物，更需要千千万万普通劳动者。祖国的富强、民族的繁荣、人民的幸福，需要每一个社会成员尽其才、奋其志。

中国梦，是中华民族的振兴之梦，也是每一个大学生的成才之梦。中国梦让生活在这个时代的大学生与祖国人民共同享有人生出彩的机会，共同享有梦想成真的机会，共同享有同祖国和时代成长与进步的机会。青春只有在为祖国和人民的真诚奉献中才能更加绚丽多彩，人生只有融入国家和民族的伟大事业才能闪闪发光。

教学小结

专题总结：

理想指引方向，信念决定成败，理想信念是人的精神世界的核心，只有树立崇高的理想信念，才能激发为民族复兴、人民幸福而奋斗的强烈责任感和使命感，才能真正掌握建设祖国、服务人民的本领。新时代大学生要增强对马克思主义、共产主义的信仰，增强对中国特色社会主义的信念，增强对实现中华民族伟大复兴的信心，将个人理想融入中国梦想，脚踏实地，艰苦奋斗，才能最终成就一番事业。

学习思考：

【教学效果】

本专题以设问、课堂讨论等方式，充分调动学生的积极性、主动性和创造性，使他们明了树立崇高理想信念对大学生成长成才的重要意义，以及如何坚定崇高理想信念，进而与教材内容相互补充，相得益彰。教学过程中注重增强学生对坚定崇高的理想信念的理论认知和情感认同，引导学生确立马克思主义的科学信仰，正确认识理想与现实的关系，为实现中国特色社会主义的共同理想、实现中华民族伟大复兴的中国梦而努力奋斗。在教学中获得了学生的认可和好评。

【教学经验】

将问题式教学法、案例式教学法、互动式教学法、讨论式教学法与讲授式教学法相结合，选择贴近实际、贴近生活、贴近学生的教学素材，将理论问题通俗化、具体化，有效地激发了学生的积极性和参与性；提供给学生科学的思维方法，引导学生深入思考并形成正确的价值观念。

【改进措施】

坚定崇高理想信念既是理论问题，更是现实问题和人生实际问题。在理论讲授的基础上，还要用历史上、现实中丰富的案例和材料来加以佐证和展现。要结合新时代大学生的思想和生活实际有针对性地进行讲授；同时，要根据学生的专业特点和兴趣点，处理好案例选择与理论讲授之间的关系。

阅读文献：

[1] 毛泽东．星星之火，可以燎原 [M]//毛泽东．毛泽东选集：第4卷．北京：人民出版社，1991.

[2] 邓小平．用坚定的信念把人民团结起来 [M]//邓小平．邓小平文选：第3卷．北京：人民出版社，1993.

[3] 中共中央文献研究室．习近平关于实现中华民族伟大复兴的中国梦论述摘编 [M]．北京：中央文献出版社，2013.

[4] 习近平．人民有信仰，民族有希望，国家有力量 [M]//习近平．习近平谈治国理政：第2卷．北京：外文出版社，2017.

[5] 习近平．在纪念马克思诞辰200周年大会上的讲话 [M]．北京：人民出版社，2018.

（执笔人：连欢　郝然）

专题四　继承优良传统　弘扬中国精神

教学简况

课时安排：

4 课时。

教学目标：

思想目标。通过对历史与现实一以贯之的内在联系进行分析，使学生深入理解“国无精神不立”的道理，透彻把握中国精神的历史底蕴和现实内涵，把爱国情、报国志凝聚在维护国家安全、提高创新本领上，激发大学生自觉弘扬中国精神、勇于使命担当的意识。

知识目标。理解重精神是中华民族的优秀传统，把握以爱国主义为核心的民族精神和以改革创新为核心的时代精神，了解爱国主义的基本内涵，了解创新创造是中华民族最深沉的民族禀赋，懂得改革创新精神是时代要求，从而勇做改革创新生力军，用实际行动展现中国精神的青春风采。

能力目标。学生在生活实践中自觉继承和弘扬中国精神；从我做起，推进祖国统一，促进民族团结；将中国精神转化为青春动力，勇作弘扬和践行中国精神的时代先锋。

教学重点：

重精神是中华民族的优秀传统；如何成为新时代真正的爱国者。

教学难点：

如何将传统的中国精神内化为当代学生的青春之气。

教学过程

一、重精神是中华民族的优良传统

【问题导入】

世界上曾经和中华文明并驾齐驱的另外三大文明，今天为什么出现断代甚至消亡？这是令世界诸多学者陷入沉思的命题。其答案正如教材中阐述的：中华民族在五千年的历史长河中生生不息，薪火相传，很重要的一个原因就是，我们拥有孕育于中华民族悠久辉煌历史文化之中的伟大精神。精神是一个民族赖以长久生存的灵魂。唯有精神上达到一定的高度，这个民族才能在历史的洪流中屹立不倒，奋勇向前。所以，重精神是中华民族的优良传统。

当我们谈到中国精神的时候，既要看到其深邃抽象的层面，也要看到其深入生活平实朴素的层面。作为从漫长历史继承而来的思想财富，作为在整个社会空间中弥漫扩散着的观念和情韵，中国精神渗透于社会生活的方方面面；大到民族国家的前进步伐，小到个人的做人做事，中国精神都在以我们日用而不自知的方式发挥着作用。它鲜明而突出地反映在以下四个关系上。

（一）重视精神生活

在物质生活与精神生活相互关系上，不断以家国一体的价值观对华夏传统与社会风尚进行引领。《孟子》有言："天下之本在国，国之本在家，家之本在身。"家是国的基础，国是家的延伸，在中国人的精神谱系里，国家与家庭、社会与个人，都是密不可分的整体；"国之不存，家将焉附"的"家国一体"思想根深蒂固。"国家好，民族好，大家才会好"；"小家"同"大国"同声相应、同气相求、同命相依。

修身、齐家、治国、平天下，也是儒家文化传统的精髓和做人的基本价值取向。每个时代的中国人都会自觉不自觉地把自己的家庭同国家的发展命运紧密地联系在一起，成为绵延千年时间轴上的一个点。无论是为学、为人还是为事，儒家所推崇的"天下大同、家国同构"等思想，代表了中国古代知识分子群体的主流意识，属于较高层次的理性爱国主义，构建了华夏千百年来知识分子群体的精神家园，涵养了古代文人平治天下、匡世安邦的爱国情操。五四运动中的青年们是这种家国一体价值观的传承者，无数有志青年在抗战中奔赴延安也是如此。

在以报效祖国、改革创新为核心的时代精神上，我们依然可以清晰地感受到这种家国一体的价值观。新中国成立以来，大批海外知识分子冲破各种阻力，放弃舒适生活，毅然回到祖国怀抱，建设新中国，就是一个个鲜明的例证。

（二）不懈追求理想

在对理想的不懈追求上，中华民族以革故鼎新的世界观对万物发展与运动规律不懈坚守。《易经》等中华传统学说认为：中华精神秉持变化与流动的世界观，不承认绝对不变的实体，主张世界的生成变化，包括从宇宙万物到族群人伦、从自然系统到人的教化系统、从形上之道到形下之器物、从生命本体到社会文化及其解释，都处于不断运动变化并遵循运动变化的辩证法则。正所谓大化流行，生生不息，日新月异，气象万千。

提问：中国成语中有哪些是对不懈追求理想观念的凝练概括？

解答：如夸父追日、精卫填海、愚公移山、大禹治水，都体现了随时而制、与时谐行、因时而变的创新品质。正是因为对梦想的不懈追求，中华民族曾长时间地在历史的时空中走在世界文明的前列。我们曾讲过，16 世纪以前，影响人类文明的重大科技发明约有 300 项，其中 175 项是中国人发明的，中国的农耕、纺织、冶金、手工制造等技术长期处于世界先进水平。直到 18 世纪末期，中国的经济规模仍然是世界上最大的。乾隆末年，中国经济总量世界第一，占世界三成，人口占世界三分之一。革故鼎新的生命观一直融于中华民族的精神血脉中。

在当代，体现中国精神的作品更加丰富，这些年，我们国家"神舟"上天、"嫦娥"奔月、"蛟龙"入海、"雪龙"科考、"高铁"飞驰、"天河"问世、"大飞机"下线、"辽宁舰"下水等，有多少奇迹在身边发生。40 多年的改革创新为今天的中国带来了巨大转变。对于中国，“改革开放”四个字，是一系列制度的变革、一系列观念的更新、一系列行动的合力，是一段历时40多年的上下求索。中国40多年改革开放给人们提供了许多弥足珍贵的启示，其中最重要的一条就是：一个国家、一个民族要振兴，就必须在历史前进的逻辑中前进，在时代发展的潮流中发展。

（三）重视道德教化

在对道德修养与道德教化的重视上，中华民族以开放包容的伦理观对道德理想与道德修为长期坚守、长期尊崇。中道与和谐，是中国精神中的两大核心价值。孔子说，“朝闻道，夕死可矣”，“君子谋道不谋食，君子忧道不忧贫”。显然，在孔子看来，“道”指人的理想和高尚的道德情操，是人成为“君子”的必备条件。当“道”与个人的生命冲突时，志士仁人应毫不犹豫地牺牲个人生命，以维护“道”的尊严。

讲信和睦、协和万邦是中华文化世界观的中心理念。它强调不同文明、不同民族、不同国家之间的相互依存和平等相处。即使在最强大的汉唐时期，中国也没有成为穷兵黩武的国家，而是和外部世界保持着友好的交往。汉朝丝绸之路的开辟、唐朝玄奘取经、鉴真东渡、宋元四大发明的外传和贸易往来、明朝郑和下西洋，都是这种仁和的民族精神的具体体现（举例：《射雕英雄传》与“一言止杀”的典故）。

而这种仁和的世界观，也同样在今天改革开放的时代精神中继续传承。“命运共同体”成为习近平总书记外交思想的标志性符号。世界好，中国才会好。“命运共同体”也是“为世界谋”。“一花独放不是春，万紫千红春满园”，也是中国人的理念。

提问：怎样看待当前西方对中国的“污名”化和战略遏制（如新疆棉花问题）？

解答：要充分估计国际格局发展演变的复杂性，更要看到世界多极化向前推进的态势不会改变；要充分估计世界经济调整的曲折性，更要看到经济全球化进程不会改变；要充分估计国际矛盾和斗争的尖锐性，更要看到和平与发展的时代主题不会改变；要充分估计国际秩序之争的长期性，更要看到国际体系变革方向不会改变；要充分估计我国周边环境中的不确定性，更要看到亚太地区总体繁荣稳定的态势不会改变。为此，我们要保持战略定力，不被外人“带节奏”，乱了阵脚。

（四）推崇理想人格

在理想人格的确立上，中华民族以刚健有为的人生观践行对人生境界与理想人格的倡导。中国精神包含着阳刚与阴柔两个层面。在蕴含恕通人和的温润、包纳利他之道的同时，不乏刚直勇毅之质。内在性与超越性，刚柔相济，构成了中国精神的两个层面，塑造了中国国民的基本人格模式。自强不息，乃是中国精神固有的超越性，显示了中华民族刚健有为、勤劳勇敢、积极向上、坚韧不拔的精神品格及其生命意志；而忧国忧民、治国平天下及精忠报国，则是中国精神超越性的外化与具体表现。厚德载物蕴含着中国精神固有的内在性，表现为天人相通、民胞物与的本体观，也拓展为应时守势、虚壹而静、德性修持、内圣之道以及为己之学的人生观与价值观。

这种刚毅有为的人生观，表现为重视人生境界和理想人格，关注人的精神品格，从而使爱国主义成为中华民族最深厚的思想传统。在绵延 5 000 年的中华文明中，以爱国主义为核心的民族精神，一直使整个民族的兴衰存亡与每个中国人的生活紧密相连。处世必以仁德，守身必从大义，为人重在大节，精忠爱国，成仁取义，就是中国传统道德所强调的“配义与道、集义所在”的浩然之气与坦荡之节。

这种刚毅有为的人生观及其对人生境界的追求，同样反映在以改革创新精神为核心、由中国共产党人所身体力行的时代精神中。勇闯新路的井冈山精神，开辟了中国革命的发展新篇；开拓新局的长征精神，书写了人类历史的伟大史诗；实事求是的延安精神，奠定了马克思主义中国化的思想基础；勇于登攀的两弹一星精神，展现了中华民族的不屈品格。在 2020 年到现在的抗击疫情、精准扶贫中，更有无数的“最美逆行者”，以忘我的奉献挑战风险，以使命担当成为中国的脊梁。

小结：在 5 000 多年中国文化的优秀基因中，刚健有为的人生观启迪的是人要怎样活着，开放包容的伦理观告知的是我们应如何与外部相处，家国一体的价值观连接的是个体与社会、小家与大家的关系，而革故鼎新的世界观则提示我们应当有一种怎样的思维与心理状态。正是在自我—他人—社会—国家—世界这几个层面彰显的本质内涵，它才在漫长的中华文明发展史上成为一种永恒传承的价值存在，也成为历代仁人志士报效祖国的精神风骨与行为操守。

二、做忠诚爱国者

【问题导入】

视频播放：往届学生拍摄的小视频“失密”（2 分 30 秒）

提问：从刚才你们的学姐拍摄的课程实践小视频“失密”中有什么感受？什么是一个新时代忠诚爱国者的基本要素？

（一）恪守国格

在今天中国和平发展的背景下，作为校园学子，我们或许没有机会像刘胡兰那样面对敌人的屠刀，也不必在酷刑拷问之下去表现我们的宁死不屈。于是在人们眼中，似乎除了某些非常事态外，我们恪守的爱国主义已没有了充分表现的舞台。其实，大谬不然（举例：国家安全的案例）。

今天，我们国内的社会环境的确远离了金戈铁马、战火硝烟，但没有硝烟的战争始终在继续。此外，虽然当代世界是一个已经充分国际化的世界，每一个国家，每一个民族，每一个社会均生活在这个“地球村落”里，彼此之间“你中有我，我中有你”，密不可分，使得我们不能再脱离国际社会和国际环境而自我封闭地谋求一个国家和一个社会的单独发展。当今世界仍然是以国家作为主要的政治与经济实体，且在激烈的国际竞争中，有越来越多的国家把自身的国家利益视为处理国与国事务的“最高准绳”，一些国家为了自身的利益可以不择手段、无视公理、挑战和平，在这种现实面前，“屠刀”完全可以通过高科技的围堵和意识形态的斗争而成为“隐形”战争。

国格，是一个国家在对外国务活动中表现出来的一系列品格的总称，是国家独立、主权、尊严、价值的总和，也是国家在国际社会中的地位、作用、形象、威仪的统一。简言之，国家的国格就是国家的气节。政府固然是国格最集中的代表者，但实际上，在我们社会不断扩大的对外开放和与日俱增的国际交往中，随着生活的日益富足而使我们能够更多地走向世界时，每个社会公民的任何行为，都可能与国格有关。因为在外国人眼中，你就代表中国。所以，反映和代表国家气节的国格，就不仅是国务活动家的操守，同样也是每个社会公民的爱国操守。

自觉地维护国家的安全，是国格意识的鲜明体现。在今天错综复杂的国际交往中，对话中存在着冲突，接触中充满了戒备，合作中蕴含着较量。通过强权政治和霸权主义，在政治、经济上遏制中国的崛起和发展，"诱"与"压"促变的双拳并举，"合作"加"遏制"的双轨并行，依然是西方敌对势力的老套路。今天，国家安全的目标实际上已不仅仅是国家版图的完整和领土不受侵犯，还包括各民族的团结统一、和睦相处、共同发展，更包括维护稳定的社会安全、和谐运行的经济安全、支持增长的科技安全、抵御渗透的文化安全等。也就是说，在"传统安全"之外，时代演变所形成的安全主体多样化、安全要素复杂化、安全手段隐蔽化等特点，都使得其对国家安全的影响某种程度上呈现"非典"状态：非接触即可实现，蔓延快、危害大、防范难。

另一方面，除了有形的渗透之外，无形的文化较量更是看不见硝烟的战争。美国文化霸权和意识形态的渗透无孔不入，每一个校园学子今天要构筑起对国家安全的理性自觉，并因此而维护国格，构筑好自己作为中国人的"文化操守"。在今天不见硝烟的战场上，能以我们自己的智慧与践行，努力丰富与发展中华文化的时代理念、国家特色，提升其在国际舞台上的感染力和竞争力；同时，以清醒的政治头脑和坚定的文化操守防微杜渐，时刻敏锐地防范隐秘于国际文化交流之后的对国家安全的任何挑战，真正把保护国家安全建在自己的意识长城中，建在自己的人生岗位上。这是新时期校园学子和每个国人对于爱国主义作为民族精神传承恪守的鲜明体现，也是新时代一个忠诚爱国者的基本要素之一。

（二）勇于创新

我们可以看到，改革开放40多年来，从开启新时期到跨入新世纪，从站上新起点到进入新时代，中国精神的突出时代风貌是改革创新。面对今天西方的遏制围堵，面对我们在不少领域仍然存在"卡脖子"的短板，特别需要青年一代的继续创新。

这里要强调的是，创新不仅仅是社会进步的必然要求，中国发展的必然趋势，也同样是我们每个学生怎样发展、如何发展的必然法则。要有所创新，就要认清以下几个误区。

一是创新只是天才的本质，而非天才的"专利"。并非只有天赋好、起点高的人才能创新，并非只有名人名家才具有创新的资格。事实往往恰恰相反，越是声名显赫者越易为声名所累，或为维持曾经的辉煌而缺少甚至丧失进一步创新的勇气，从而失去创新的动力。

二是创新是一个由量变到质变的渐次发展过程。创新成功固然与灵感、机遇等因素密切相关，但它绝非是心血来潮，空穴来风。创新者不是未来的空想家，而是预言的实践家；不是盲目浮躁的叛逆者，而是除旧布新的建设者。离开了创新的原则、规律和方法去蛮干，再美妙的创新也等同于海市蜃楼。

三是个性心理品质与成就关系密切。高智力只是创新的必要条件，而不是充分条件。在创新成功者的诸多素质中，个性品质也是关键要素。强烈的好奇心、喜欢独立思考、对事物寻根究源、有良好的学习习惯和坚持精神，都是优秀创新者的个性品质。

从一些国内外知名企业从巅峰到坠落的案例中我们发现，发现问题的意识、求证否定的意识是推动创新的基本意识。创新缺乏的不是钱，而是一种观念；创新缺乏的不是物，而是一种思想；创新缺乏的不是想，而是一种悟性；创新缺乏的不是做，而是一种创造。伏尔泰曾说过，谁不具备这个时代精神，谁就将承受这个时代的全部不幸。

小结：在中国特色社会主义进入新时代更加需要突出和强调的是：在国内外大环境不断变化、中国的和平崛起面对各种挑战的背景下，新时代忠诚的爱国者，不仅只是止于表层情感的归属，更应是爱党、爱国、爱社会主义三者相统一的理性认同与遵循；不是一时的口头呐喊，而是恪守国格、勇于创新的实际行动。

典型案例：

抗美援朝战争，是在交战双方力量极其悬殊条件下进行的一场现代化战争。中国人民志愿军同朝鲜军民密切配合，首战两水洞、激战云山城、会战清川江、鏖战长津湖，此后又粉碎“绞杀战”、抵御“细菌战”、血战上甘岭，创造了“保家卫国”的战争伟业。经过艰苦卓绝的斗争，中朝军队迫使侵略者在停战协定上签字。抗美援朝战争的伟大胜利，是中华民族走向伟大复兴的重要里程碑，对中国和世界都有着深远意义。

战争中，中国人民志愿军发扬祖国和人民利益高于一切、为了祖国和民族的尊严奋不顾身的爱国主义精神，英勇顽强、舍生忘死的革命英雄主义精神，不畏艰难困苦、始终保持高昂士气的革命乐观主义精神，为完成祖国和人民赋予的使命慷慨奉献自己一切的革命忠诚精神，为了人类和平与正义事业而奋斗的国际主义精神，共同锻造了伟大抗美援朝精神。

案例分析：

抗美援朝战争中锻造形成的伟大抗美援朝精神是弥足珍贵的精神财富，必将激励中国人民和中华民族克服一切艰难险阻、战胜一切强大敌人。这一切赋予了中国的抗美援朝战争以崇高的历史意义与丰富的当代价值，其中提到的抗美援朝精神更是值得我们代代传承的宝贵财富。我们对抗美援朝精神的纪念，就是要审视历史、观察现实、思考未来，突出其中所蕴含的情怀与担当。

抗美援朝精神是一种舍己为国的伟大爱国主义精神。爱国，既是对国家深沉的热爱，也是对身边每一个具体人的关爱。我们应该学习志愿军当年的精神，将爱国、爱家、爱民融为一体，以浓厚的家国情怀与责任担当在自己的岗位上攻坚克难、勤勉苦干；同时，也像抗击新冠肺炎疫情时的"最美逆行者"们一样，在祖国和人民最需要的时候挺身而出，做出力所能及的贡献。抗美援朝精神是一种敢于"亮剑"的伟大斗争精神。抗美援朝战争取得最终胜利的历史告诉我们，面对险恶的环境与外部挑战时，只有敢于"亮剑"，才能永远立于不败之地。我们不能在强敌面前投降，不能在困难面前放弃，不能在艰险面前气馁。抗美援朝精神中蕴含着英勇顽强的革命英雄主义精神、革命乐观主义精神，而这正是中华民族面对困厄险阻永不言败、斗争到底的光辉精神。同时，抗美援朝精神是一种伟大的国际主义精神，是第三世界人民争取独立解放与发展进步的力量源泉。

教学小结

专题总结：

重精神是中华民族的优秀传统。民族精神是时代精神的生长根基与发展动力，是其形成的重要基础和依托。它赋予中国精神鲜明的民族特征，是中华民族精神独立性得以保持的重要保证，而历史虚无主义思潮要隔断的正是这种根基。时代精神赋予中国精神鲜明的时代内涵，是中国精神具有鲜明时代性和强大生命力的重要根源，是民族精神的时代体现和未来发展方向。由此，中国精神既具有鲜明的民族性，又洋溢着强烈的时代性。一些“公知”对中国的发展视而不见，也是在扭曲这个内涵。中国精神是凝聚中国力量的精神纽带，是激发创新创造的精神动力，是推进复兴伟业的精神定力。因此，学习与把握中国精神，就是为了使我们成为新时代重精神、守国格、勇创新的忠诚爱国者。

学习思考：

【教学效果】

本专题由课堂讲授与学生互动交流相结合，学理与史料故事、现实案例相融合，通过讲授、分享互动以及短视频赏析，让学生透彻理解中国精神在四个关系上历史与现实的传承与走向，进而与教材相互补充，相得益彰。在教学中获得了学生的认可和好评。

【教学经验】

要多角度、宽视野展开问题，对成为新时代忠诚爱国者这个当今最迫切的问题，采用从小切口导入、以案例说理等方法，突出针对性，揭示要义。

【改进措施】

根据不同专业背景学生的不同特点和兴趣点，处理好案例选择与理论讲授之间的关系。适当添加一些本校“经贸榜样”的案例，使榜样就在学生身边，可观易学。

阅读文献：

[1] 习近平．在庆祝改革开放40周年大会上的讲话［N］．人民日报，2018-12-19.

[2] 习近平．在北京大学师生座谈会上的讲话［M］．北京：人民出版社，2018.

[3] 季羡林．中国精神·中国人［M］．北京：国际文化出版公司，2013.

[4] 习近平．要有高度的文化自信［M］//习近平．习近平谈治国理政：第二卷．北京：外文出版社，2017.

[5] 王蒙，王绍光．中国精神读本［M］．杭州：浙江文艺出版社，2019.

（执笔人：冯培　王颖）

专题五　明确价值要求　践行价值准则

教学简况

课时安排：

4 学时。

教学目标：

思想目标。社会主义核心价值观是当代中国精神的集中体现，凝结着全体人民共同的价值追求。通过本专题学习，大学生应深刻领会社会主义核心价值观的重要意义和科学内涵，自觉践行社会主义核心价值观，努力成为培育和弘扬社会主义核心价值观最积极、最活跃、最充分的青年先进代表。

知识目标。以问题导入开端，通过对知识点的梳理和剖析将学理问题深化。从学理层面来看：讲清楚社会主义核心价值观基本内容，进而深刻理解社会主义核心价值观是国家、社会、个人价值追求的统一；讲清楚社会主义核心价值观和社会主义核心价值体系之间的关系，特别要讲清楚二者在本质上的一致性；讲清楚社会主义价值观与西方价值观的联系和区别，重点批判西方“普世价值”的虚伪性；讲清楚我们为什么能拥有价值观自信；等等。从实践层面来看，对学生的思想困惑作出有针对性的回答，通过组织学生进行理论学习和实践体验，帮助学生牢固树立社会主义核心价值观。

能力目标。在注重知识传授的同时，更加注重价值引领，通过教案设计、教学导入、教学重点讲授、教学时序展开、相关素材拓展等系列环节，将学理性、哲思性寓于教学全过程，努力提高学生的认知水平和分析问题、辨别问题的能力，强化学生学习的思辨性与探究性，促进学生从情理认同向道理认同的深化。

教学重点：

社会主义核心价值观的基本内容；弘扬和践行社会主义核心价值观的重要意义；如何践行社会主义核心价值观。

教学难点：

价值观自信的重要意义；弘扬和践行社会主义核心价值观之于青年的意义。

教学过程

一、全体人民共同的价值追求

【问题导入】

“我们生而为中国人，最根本的是我们有中国人的独特精神世界，有百姓日用而不觉的价值观。”

——习近平

面对新冠肺炎疫情，中国和美国何以如此不同？疫情之下，我们之所以如此不同，是因为我们有顾全大局、同舟共济、民生为本、舍生取义、与人为善的共同价值观。

（一）价值观与社会主义核心价值观

价值观：价值观主体对客体有无价值、价值大小的立场和态度，是对价值及其相关内容的基本观点和看法。价值观反映着特定的时代精神；价值观体现着鲜明的民族特色。

拓展资料：网络上，人们有关价值观的论说多种多样。

有人说，价值观，是人与人之间最大的距离。

还有人说，价值观其实就是：我愿意花三十多块钱买一杯星巴克，你愿意花三十多块钱撸串儿；我愿意在CBD（中央商务区）工作，你愿意在离家近的地方工作；我愿意在城里买房，你愿意在郊区买房；我喜欢出去旅游，你喜欢宅在家里……

问题：我们需要有共同的价值追求吗？我们需要核心价值观吗？

任何一个社会都存在多种多样的价值观念和价值取向，要把全社会意志和力量凝聚起来，必须有一套与经济基础和政治制度相适应并能形成广泛社会共识的核心价值观。核心价值观是一定社会形态、社会性质的集中体现，在一个社会的思想观念体系中处于主导地位，体现着社会制度的阶级属性、社会运行的基本原则和社会发展的基本方向。

当今中国，传统和现代、先进与落后、本土与外来相互交织，给人们的价值观念带来空前冲击。核心价值观，承载着一个民族、一个国家的精神追求，体现着一个社会评判是非曲直的价值标准。只有全社会积极弘扬和践行社会主义核心价值观，才能汇聚建设社会主义现代化强国和实现中华民族伟大复兴的中国梦的磅礴力量。党的十八大提出，积极培育和践行社会主义核心价值观，鲜明确立了当代中国的核心价值理念，生动展现了中国共产党和中华民族高度的价值自信与价值自觉。

社会主义核心价值观与社会主义核心价值体系具有内在的一致性，都体现了社会主义意识形态的本质要求，体现了社会主义制度在思想和精神层面的质的规定性，是建设中国特色社会主义现代化强国、实现中华民族伟大复兴的中国梦的价值引领。社会主义核心价值观和社会主义核心价值体系，两者是紧密联系、互为依存、相辅相成的。社会主义核心价值观是社会主义核心价值体系的精神内核，它体现了社会主义核心价值体系的根本性质和基本特征，反映了社会主义核心价值体系的丰富内涵和实践要求，是社会主义核心价值体系的高度凝练和集中表达。

（二）社会主义核心价值观的基本内容

党的十八大提出，要倡导富强、民主、文明、和谐，倡导自由、平等、公正、法治，倡导爱国、敬业、诚信、友善，积极培育和践行社会主义核心价值观。

1. 国家层面：富强、民主、文明、和谐

这回答了我们要建设什么样的国家的重大问题，揭示了当代中国在经济发展、政治文明、文化繁荣、社会进步等方面的价值目标。

富强就是人民的富裕和国家的强盛。富强是促进社会进步、人的自由全面发展的物质基础和保障，体现了马克思主义唯物史观生产力标准的根本要求。

数据说明：据世界银行预计，2020 年世界经济将下降 4.3%，其中美国、欧元区、日本分别下降 3.6%、7.4%、5.3%。据对世界上 18 个国内生产总值 1 万亿美元以上主要经济体的跟踪分析和全年预计，我国 2020 年将成为全球唯一实现经济正增长的主要经济体。

图片说明：2021 年 1 月 14 日，由我国自主研发建造的全球首座十万吨级深水半潜式生产储油平台“深海一号”能源站在山东烟台交付（人民图片，唐克摄）。

民主指的是社会主义民主，是人民当家作主，不是由别人作主，也不是由少数人作主。民主是一种政治实践、价值理念，是社会主义的生命；反映了人民群众的历史主体地位，是人民群众创造历史的集中反映。

引入：

“有事好商量，众人的事情由众人商量，是人民民主的真谛。协商民主是实现党的领导的重要方式，是我国社会主义民主政治的特有形式和独特优势。”

——习近平

图片说明：我国第一届、第十三届全国人民代表大会妇女代表和少数民族代表所占比例；我国工会基层组织数和社会组织单位数量。

讨论：长期以来，以多党制、三权分立、竞争性的选举等为主要内容的西式民主一直被一些人认为是“人类历史的最终政体形式”，是“最优越最完美的民主模式”。你如何认识和评价这种观点？

文明是社会进步的重要标志，也是社会主义现代化国家的重要特征。

“文明特别是思想文化是一个国家、一个民族的灵魂。无论哪一个国家、哪一个民族，如果不珍惜自己的思想文化，丢掉了思想文化这个灵魂，这个国家、这个民族是立不起来的。”

——习近平

社会主义核心价值观倡导的文明包括物质文明、政治文明、精神文明、社会文明、生态文明。

图片说明：我国 1949—2020 年公共文化基础设施数量。

和谐，是中华文明的核心价值理念。社会主义核心价值观倡导的和谐，是人与人、人与社会、人与自然的有机统一。

阐释“和”与“同”：“和”是指不同事物之间的有机结合，是多样性的统一。“同”是指取消事物的差异性、相同、一样。

“社会和谐是中国特色社会主义的本质属性，所以必须团结一切可以团结的力量，最大限度增加和谐因素，增强社会创造活力，确保人民安居乐业、社会安定有序、国家长治久安。”

——习近平

社会主义核心价值观倡导的和谐，是人与人、人与社会、人与自然以及人的自我身心的有机统一。

事例说明：六尺巷——如何守护和谐的生活。

图片说明：1949—2018 年我国医疗卫生机构床位数和人均预期寿命变化情况。

2. 社会层面：自由、平等、公正、法治

这回答了我们要建设什么样的社会的重大问题，反映了人们对美好社会的期望和憧憬，是衡量现代社会是否充满活力又和谐有序的重要标志。

自由是社会活力之源，是社会主义的价值理想。自由是绝大多数人的、实质上的、真实的自由；是受到法律和规范制约、权利和义务对等的自由；是与一定的经济社会发展条件相适应的自由。

引入：

“代替那存在着阶级和阶级对立的资产阶级旧社会的，将是这样一个联合体，在那里，每个人的自由发展是一切人的自由发展的条件。”

——马克思、恩格斯

讨论：如何看待美国持枪自由？

平等是人类追求的美好状态，是指社会主体在社会关系、社会生活中处于平等地位，具有相同的发展机会，享有同等的权利。社会主义核心价值观所倡导的平等兼顾效率与公平，是实实在在的平等；人人都能公平行使社会权利、履行社会义务、分享社会成果；政治上平等参与，经济上共同富裕，文化上共建共享，同祖国和时代一起成长进步。

事例说明：1959 年 10 月 26 日，刘少奇握着北京市清洁工人时传祥的手说：“你掏大粪是人民勤务员，我当主席也是人民勤务员，这只是革命分工不同，都是革命事业不可缺少的一部分。”（插入时传祥图片）

思考：为什么只有在社会主义社会，人民才有可能真正实现平等？

马克思认为，在存在剥削制度与剥削阶级的社会中，平等不可能真正实现。只有在社会主义社会中，生产资料公有制代替私有制，剥削不复存在，人民才有实现平等的可能。社会主义与资本主义的最基本区别，就在于社会主义通过发展生产力消除社会不平等。

公正是人类社会进步的标尺，是社会主义制度的本质要求。社会主义核心价值观倡导的公正，不只是强调机会平等和程序正义的公正，更是兼顾结果公正，体现在社会生活各个领域、各个层次和各个方面的公正，并以最广大人民的根本利益为出发点和落脚点。

数据说明：中国基本医疗保险覆盖超过 13 亿人，基本养老保险参保率超过 90%，基本实现法定人员全覆盖，建成了世界上规模最大、覆盖人口最多的社会保障体系，拉动世界社保覆盖率并使之提高了 11 个百分点。

法治是人类政治文明的重要成果，是现代社会的主要特征。大到国家的政体，小到公民的言行，都需要在法治的框架中运行。社会主义核心价值观倡导的法治，立足中国的社会现实和文化传统，坚持党的领导、人民当家作主、依法治国的有机统一。

3. 个人层面：爱国、敬业、诚信、友善

这回答了我们要培育什么样的公民的重大问题，涵盖了社会公德、职业道德、家庭美德、个人品德等各个方面，是每个公民都应当遵守的道德规范。

社会主义核心价值观倡导的爱国，就是把个人价值的实现同推动国家的繁荣发展对接，把人生意义的提升同增进最广大人民的福祉相连，不断加深对祖国悠久历史、灿烂文化的认同，不断增强做中国人的骨气和底气；就是让个人梦想与国家梦想紧密结合，把我们的国家建设好，把我们的民族发展好。

事例说明：《科学无国界　但科学家有祖国》

事例 1："两弹元勋"邓稼先在祖国最需要他的时候，放弃国外优越的物质生活条件，奔赴大西北，从事核物理研究。

事例 2：德国占领法国后，法国人巴斯德退回母校波恩大学赠予的证书。

敬业，是对待生产劳动和人类生存的一种根本价值态度。敬业是一种对待劳动、工作、职业、事业、使命、义务、职责的敬畏态度和负责精神。社会主义核心价值观倡导的敬业，要求人们尊重劳动、尊重知识、尊重人才、尊重创造，热爱和认同自己的职业和工作，珍惜和保护他人的劳动成果；有全身心投入的敬业态度和精益求精的工匠精神，保持和发扬为民服务孺子牛、创新发展拓荒牛、艰苦奋斗老黄牛的精神；视职业、劳动、创造、贡献为公民的社会责任和义务，视劳动为实现个人理想和个人价值的基本途径。

诚信是人类社会普遍的价值要求，是个人立身处世的基本规范，是社会存续和发展的重要基石。社会主义核心价值观倡导的诚信，就是以诚待人、以信取人，说老实话、办老实事、做老实人。

拓展资料：2013 年，我国建立失信被执行人名单制度；2014 年，实现对失信被执行人乘坐飞机、高铁的自动比对、自动拦截。2016 年以来，惩戒措施扩大到对失信被执行人担任公职、党代表、人大代表、政协委员以及出行、购房、旅游、投资、招投标等经济社会生活的方方面面。

事例说明：一杆良心秤守了两百年。湖北武汉市新洲区的江玉珍、江远斌姐弟，是“江家秤”第五代传人，信守祖辈 200 多年做秤“准确公道、分毫不差”的祖训，不为利益所动，不赚昧心钱，诚信做秤，美名传扬。

友善要求人们善待亲友、他人，对社会抱有善意，与自然和谐共处。社会主义核心价值观倡导的友善，是与人为善、与物为善。善待亲人以构建和谐家庭关系，善待他人以构建和谐人际关系，善待万物以形成和谐自然生态。

思考与讨论：当下，培育和践行社会主义友善价值观有着什么样的紧迫性？

无论身处哪个阶层、从事哪个行业，友善都是公民应当积极倡导的基础性的价值理念。特别是在市场经济建设过程中，竞争压力不可避免带来人际关系的紧张，各种社会矛盾凸显，培育和践行社会主义友善价值观，是缓解社会矛盾、维护社会秩序、促进社会和谐的坚实基础。

（三）当代中国发展进步的精神指引

1. 坚持和发展中国特色社会主义的价值遵循

社会主义核心价值观，集中体现了马克思主义所倡导的价值理念，是中国特色社会主义的根本价值导向。要在全社会大力弘扬社会主义核心价值观，明确中国特色社会主义事业到底追求什么、反对什么，要朝着什么方向走、不能朝什么方向走，坚守我们的价值观立场，坚定中国特色社会主义的道路自信、理论自信、制度自信、文化自信，为社会的有序运行、良性发展提供明确价值准则，保证中国特色社会主义事业始终沿着正确方向前进，是中国特色社会主义的铸魂工程。

拓展资料：最高人民法院公布10起弘扬社会主义核心价值观典型案例。

2. 提高国家文化软实力的迫切要求

“一个国家的综合国力既包括由经济、科技、军事实力等表现出来的‘硬实力’，也包括以文化和意识形态吸引力体现出来的‘软实力’。硬实力依然重要，但是在信息时代，软实力正变得比以往更为突出。”

——约瑟夫·奈

“一个国家的文化软实力，从根本上说，取决于其核心价值观的生命力、凝聚力、感召力。”

——习近平

文化软实力的竞争，本质上是不同文化所代表的核心价值观的竞争。

数据说明：部分国家文化产业在世界文化市场上所占的比例。

大国崛起不能缺失核心价值观的影响力和感召力。英国首相丘吉尔曾说：我宁愿失去一个印度，也不肯失去一个莎士比亚。在成为大国的过程中，戏剧家莎士比亚的作品提升了英国的人文精神，科学家牛顿的力学定律开启了英国工业革命的大门，经济学家亚当·斯密的《国富论》为英国提供了一个新的经济秩序。

培育和践行社会主义核心价值观，有利于增进国际社会对中国的理解，扩大中华文化的影响力，展示社会主义中国的良好形象；有利于增强社会主义意识形态的竞争力，掌握话语权，赢得主动权，逐步打破西方的话语垄断、舆论垄断，维护国家文化利益和意识形态安全。

3. 增进社会团结和谐的最大公约数

当前，我国正处在经济转轨和社会转型的加速期，思想领域日趋多元、多样、多变，各种思潮此起彼伏，各种观念交相杂陈，不同价值取向并存，所有这些表现出来的是具体利益、观念观点之争，但其深层是价值观的分歧。

事例说明：《人民日报客户端：中国社会心态存10大病症》

事例说明：《新加坡重视培养共同价值观》

1991年，新加坡政府公布了《共同价值观白皮书》，要求在全社会推行“国家至上、社会为先，家庭为根、社会为本，社会关怀、尊重个人，协商共识、避免冲突，种族和谐、宗教宽容”等价值观念，有力促进了新加坡这个多民族国家的稳定和发展。

引入：

“我国是一个有着13亿多人口、56个民族的大国，确立反映全国各族人民共同认同的价值观'最大公约数'，使全体人民同心同德、团结奋进，关乎国家前途命运，关乎人民幸福安康。"

——习近平

培育和践行社会主义核心价值观，能够在具体利益矛盾、各种思想差异之上最广泛地形成价值共识，有效引领整合复杂的社会思想意识，有效避免利益格局调整可能带来的思想对立和混乱，形成团结奋斗的强大精神力量。

二、社会主义核心价值观的显著特征

【问题导入】

真理的力量加上道义的力量，才能行之久远。社会主义核心价值观以其先进性、人民性和真实性而居于人类社会的价值制高点，具有强大的道义力量。

（一）反映人类社会发展进步的价值理念

社会主义核心价值观的先进性，体现在它是社会主义制度所坚持和追求的核心价值理念。社会主义制度建立在生产资料公有制的基础之上，它消灭了剥削制度，劳动人民成为国家的真正主人，是人类社会迄今为止最先进的社会制度。

1. 体现社会主义的本质属性

"社会主义"是社会主义核心价值观的"底色"。社会主义核心价值观的先进性，集中体现在它是社会主义所坚持和追求的价值理念。它生成于中国特色社会主义的建设实践，同当今中国最鲜明的时代主题相适应，是中国特色社会主义本质规定的价值表达。

拓展资料：2017 年 9 月，连接云南宣威和贵州六盘水的北盘江大桥正式建成通车。大桥全长 1 341.4 米，桥面到谷底垂直高度 565 米，相当于 200 层楼高——这也是世界最高的大桥（插入图片）。

思考：为何中国政府肯下血本，在西方国家绝不做的"亏本买卖"上下功夫？

中国政府在相对偏远省份（自治区）投入大量资金建设高速公路、铁路、桥梁，是对"更富强、更平等、更公正……"的追求，诠释了中国的价值底色。

2. 扎根中华优秀传统文化土壤

问题：请举例说明中华优秀传统文化。社会主义核心价值观与中华优秀传统文化是什么关系？

源远流长的中华优秀传统文化，是社会主义核心价值观历史底蕴的集中体现，是涵养社会主义价值观的重要源泉。

国家层面：富强是中华民族千年夙愿，“民惟邦本”的政治理念以及“民贵君轻”等民本思想，体现了中华民族朴素的民主理念，“和合”思想是中国传统文化的精华。

社会层面：“天公平而无私，故美恶莫不覆；地公平而无私，故小大莫不载”；“不患寡而患不均”；“等贵贱、均贫富”，这些都反映了古代质朴的公正与平等观念。

个人层面：爱国主义是中华民族民族精神中最稳定的文化基因，敬业是中华民族的传统美德，“诚者，天之道也”。

事例说明：1988 年，75 位诺贝尔奖得主在巴黎集会，向全世界呼吁：人类如果要在 21 世纪生存下去，就必须回到 2 500 年前，去孔子那里汲取智慧。

引入：“软实力”的提出者约瑟夫·奈曾说，“中国最强的软实力根植于自身文化之中”。

“深入挖掘和阐发中华优秀传统文化讲仁爱、重民本、守诚信、崇正义、尚和合、求大同的时代价值，使中华优秀传统文化成为涵养社会主义核心价值观的重要源泉。”

——习近平

社会主义核心价值观，是对中华优秀传统文化的继承和升华，赋予中华优秀传统文化以新的时代内涵。

培养和弘扬社会主义核心价值观必须从中华优秀传统文化中汲取丰富营养，深入中华民族历久弥新的精神世界，把长期以来我们民族形成的积极向上向善的思想文化充分继承和弘扬起来。

拓展资料：弘扬中华传统文化类节目热播，“中国诗词大会”“中国汉字听写大会”“中国成语大会”“中国谜语大会”等节目从古人的智慧和情怀中汲取营养，增进了人们的价值认知和价值认同。

推动中华优秀传统文化创造性转化和创新性发展，激活其生命力，增强其影响力和感召力，把当代中国文化创新成果传播出去。

3. 吸纳世界文明有益成果

社会主义核心价值观是对全人类文明共享的价值元素的继承和提升，如公正、诚信、友善等是具有普遍历史意义的基本价值。

社会主义核心价值观在吸收人类优秀的价值理念的基础上，以中国经验、中国实践为民主、自由、平等、公正、法治等价值理念赋予了社会主义性质，代表了人类社会前进的方向和价值理念。

（二）彰显人民至上的价值立场

社会主义核心价值观的人民性体现在它所代表的是最广大人民的根本利益，反映了最广大人民的价值诉求，引导着最广大人民为实现美好社会理想而奋斗。

1. 尊重人民群众的历史主体地位

相信群众、依靠群众，从群众中来、到群众中去，站在广大劳动人民的立场上，以广大劳动人民的解放为宗旨，竭尽全力为人民求福利、谋利益，是马克思主义最根本的政治立场。

人民群众是社会历史发展的主体，是历史的创造者。中国共产党为人民而生，因人民而兴。人民是我们党执政的最深厚基础和最大底气。人民性是社会主义核心价值观的根本特性，人民立场是社会主义核心价值观的根本立场。正如习近平总书记所说：“历史充分证明，江山就是人民，人民就是江山，人心向背关系党的生死存亡。赢得人民信任，得到人民支持，党就能够克服任何困难，就能够无往而不胜。”

2. 体现以人民为中心的价值导向

为人民谋幸福、为中华民族谋复兴，是中国共产党人的初心和使命，也是我们党领导现代化建设的出发点和落脚点。中国共产党践行全心全意为人民服务的根本宗旨，坚持人民当家作主，坚持以人民为中心的发展思想，把人民对美好生活的向往作为奋斗目标。

通过中国和美国在新冠肺炎疫情肆虐面前的不同抗疫表现来对比说明：

事例1：2020年6月7日，国务院新闻办公室发布《抗击新冠肺炎疫情的中国行动》白皮书显示，截至当年5月31日，全国确诊住院患者结算人数5.8万人次，总医疗费用13.5亿元，确诊患者人均医疗费用约2.3万元。其中，重症患者人均治疗费用超过15万元，一些危重症患者治疗费用几十万元甚至上百万元。其中，一位70岁老人身患新冠肺炎，治疗费用近150万元。

对于费用的来源，白皮书用了七个字描述：全部由国家承担。

事例 2：据《纽约邮报》2020 年 6 月 13 日报道，这位名叫迈克尔 · 弗洛尔的 70 岁老人此前因被确诊新冠肺炎，在位于华盛顿的瑞典医疗中心住院治疗。后来，他收到了医院长达 181 页的天价账单，账单总额超过了 110 万美元。账单详细记录了他在住院 62 天里的各种治疗费用：在密闭的重症监护室停留的 42 天期间，每天收费 9 736 美元，总费用为 408 912 美元；有 29 天使用了呼吸机，每天收费 2 835 美元，总计 82 215 美元；另有大约四分之一的费用为药品费用。此外，有两天弗洛尔的心脏、肾脏和肺部全部衰竭，并被判定接近死亡，这段时间的账单长达 20 页，接近 10 万美元。由于拥有医疗保险，弗洛尔应该不必支付大部分费用，但这一巨额账单仍令他非常惊讶。他称，他看到账单时，心脏几乎再度停跳。据他的妻子透露，弗洛尔刚醒来时就曾说："你得让我离开这里，我们负担不起。"

新冠肺炎疫情仍在持续，对全球公共卫生系统的"大考"还没得到最终结果，但相信很多人会由衷地说一句：幸好我是中国人。没错，在中国，在危难袭来的时候，国家会举全国之力、不遗余力地救治每一个人，更不会放弃任何一个人。在中国抗击新冠肺炎疫情斗争中，人民至上、生命至上成为最醒目的价值导向，深刻彰显了我国社会主义核心价值观的人民性。

（三）因真实可信而具有强大的道义力量

社会主义核心价值观的道义力量还源于它的真实性。"名非天造，必从其实。"在人类社会发展进程中，许多统治阶级都曾提出了不少看上去非常美好的价值理念，其中有些在历史上也发挥了很大的积极作用，但由于其阶级和历史局限性，这些美好的价值理念并未能彻底地、真正地实现。民主、自由、博爱等便成为资产阶级时刻挂在嘴边的"价值主张"。

1. 社会主义核心价值观是真实可信的

社会主义核心价值观与以往价值观的一个重要区别在于其真实性。中国特色社会主义的成功验证了社会主义核心价值观的正确性和可信性，使得社会主义核心价值观可以而且能够成为真切、具体、广泛的现实。

拓展资料：《2020 中国答卷：十组数据读懂中国脱贫》

（1）贫困人口每年净减少超 1 000 万；

（2）960 多万贫困人口通过易地扶贫搬迁脱贫；

（3）832 个贫困县全部实现脱贫；

（4）2 000多万贫困人口通过生态扶贫实现脱贫；

（5）52个挂牌督战县2020年已外出务工贫困劳动力299.56万人，是去年外出务工人数的117.72%；

（6）全国在岗驻村工作队25.5万个；

（7）打赢脱贫攻坚战要按具体情况实施“五个一批”，即：发展生产脱贫一批、易地搬迁脱贫一批、生态补偿脱贫一批、发展教育脱贫一批、社会保障兜底一批；

（8）10.95万家民营企业参与“万企帮万村”行动；

（9）“六个精准”：扶贫对象精准、项目安排精准、资金使用精准、措施到户精准、因村派人（第一书记）精准、脱贫成效精准；

（10）完成2 000亿元的消费扶贫行动2020年度销售目标任务。

2. 认清西方“普世价值”的实质

随着社会思想多元多样多变，价值观领域也面临来自多方面的挑战，特别是面临日益严峻的西方价值观渗透。其中，“普世价值”就是一种极具迷惑性、欺骗性并且带有鲜明政治倾向的价值观。“普世价值”，即所谓普遍适用、永恒存在的价值，认为这种价值打破了所有民族、种族、阶级、国家的界限，超越了一切文明、宗教、信仰的差异，并且不会因时代的变迁，社会形态的更替而有任何的改变。

（1）“普世价值”在理论上的虚伪性。西方国家所谓的“普世价值”并非指人类道德评价、审美评价的普遍性或共性，而是特指资本主义价值观；推行的并不是人类共同的价值观，而是特定的价值观及其背后的经济政治文化制度。资本主义价值观是在资本主义生产方式基础上形成的，从根本上说，它是为资产阶级利益服务的。资产阶级把自己的利益说成是全体社会成员的共同利益，把自己的价值观与全人类的共同价值观装饰起来，其目的就是为了维护和攫取与之相关的最大利益。

“普世价值”是建立在抽象的人性论基础之上的，它将人看作抽象符号，是无差别的个体，认为人类尽管生活在不同时期、不同社会阶段、不同国家，但依然拥有共同的精神需要和利益诉求，有着共同面临的问题，因此从共同“人性”的角度，理应存在一种凌驾于历史和民族特性之上的共同价值。这种说法极具隐蔽性和荒谬性。

既然没有所谓抽象的人性，那么是否存在着一种超越时空、超越具体人性，适用于所有人的“终极真理”或“普世价值”呢？答案显然是否定的。

这种“普世价值”是犯了价值在问题上形而上学和先验主义的错误，没有看到价值观本身是具体的、历史的、发展的。世界上没有放之四海而皆准的价值观。

（2）“普世价值”在实践上的虚伪性。西方所谓的“普世价值”，在他们自己的世界里都未能真正“普世”。种族歧视、劳资对立、金钱政治、贫富分化、社会撕裂、人权无保障等问题，在一些西方国家长期存在且愈演愈烈。

思考：20年前，美国以“反恐”之名，强势入侵阿富汗；20年后，美军以要“结束漫长战争”的理由，从喀布尔仓皇“溜走”。过去20年，数万民众因战乱而死，贫穷与饥饿萦绕在这片土地。美国对阿富汗的入侵和撤离，反映了“普世价值”怎样的虚伪性？

拓展资料：美国种族歧视问题恶化，社会撕裂日趋严重。2021年4月11日，部分加州民众在亨廷顿海滩举行“黑人的命也是命”集会活动。随后，当地白人也在附近举行所谓的“白人的命也是命”集会，双方一度爆发冲突。

（3）“普世价值”的影响和危害。《人民论坛》：2010—2019年社会思潮十年演变图表显示，除2010年和2019年外，“普世价值”在其余的8个年度中均进入了前十的排名，显示出该思潮在我国受关注度较高，影响范围较广，影响时间较长，我们对此要有清醒的认识。

近年来，“普世价值”已然成为西方资本主义实现文化和意识形态霸权的武器。在国内，一些人积极响应西方意识形态和价值观，成为西方“普世价值”的吹鼓手，声称西方资本主义制度是“普世的”“不战而胜的”，把中国发展中的问题归结为社会主义制度和体制的问题，鼓吹只有走上西方的道路才有前途。这些观点和思潮的实质就是要否定我国的社会主义制度，否定马克思主义的指导地位，否定中国特色社会主义理论体系及其指导地位。对此，我们要保持高度警惕。

三、积极践行社会主义核心价值观

【问题导入】

为什么要对青年讲社会主义核心价值观这个问题？因为青年的价值取向决定了未来整个社会的价值取向，而青年又处在价值观形成和确立的时期，抓好这一时期的价值观养成十分重要。正如习近平总书记所指出的：“这就像穿衣服扣扣子一样，如果第一粒扣子扣错了，剩余的扣子都会扣错。人生的扣子从一开始就要扣好。”在全社会培育和弘扬社会主义核心价值观的背景下，需要大学生始终走在时代前列，成为培育和践行社会主义核心价值观最积极、最活跃的青年先进代表。

（一）扣好人生的扣子

大学生在高校生活，少则三四年，多则九年、十年，正处在人生成长的关键时期，知识体系搭建尚未完成，价值观塑造尚未成型，情感心理尚未成熟，需要加以正确引导。这好比小麦的灌浆期，这个时候阳光营养跟不上，就会耽误一季的庄稼。

1. 大学时期是价值观养成的关键阶段

大学是人生阶段的转折。由于学习环境和生活环境的改变，大学新生在初入高校时极易出现对学习方式、生活方式、社会交往的不适应。在全球化、信息化的时代，国内国外与网上网下几乎所有的价值观念，都在大学环境中反映、冲突、碰撞。因此，人生的扣子从一开始就要扣好。

2. 大学生的成长成才和全面发展，离不开正确价值观的引领

当今世界和当代中国都处于大变革之中。这种变革反映到人们的思想观念中，自然会产生多种多样的思想理论和价值理念。面对世界范围内各种思想文化交流交融交锋的新形势，面对整个社会思想价值观念呈现多元多样、复杂多变的新特点，大学生健康成长离不开正确价值观的引领。社会主义核心价值观能够引导大学生把人生价值追求融入国家和民族事业，始终站在人民大众立场，同人民一道拼搏、同祖国一道前进，服务人民、奉献社会，努力成为中国特色社会主义事业的合格建设者和可靠接班人。

拓展资料：

人物 A：“90 后”报账员入职 4 个多月先后挪用公款 101.45 万元

2019 年 8 月，25 岁的田宇通过招聘考试，被聘用为盱眙县马坝镇农村公路管理养护办公室报账员，负责管理道路养护维修经费。上班没几天，田宇便发现了财务管理上的漏洞，多次将公款充值到赌博网站挥霍一空。短短 136 天，他利用职务之便，先后 27 次挪用公款 101.45 万元。2020 年年底，田宇受审时悔恨不已：“26 岁正是人生最好的年华，本应挥洒青春实现人生价值，我却挪用公款豪赌人生，现在想来真是追悔莫及……”

人物 B：（视频）秀美人生——扶贫女干部黄文秀

2018 年 3 月 26 日，黄文秀来到广西壮族自治区百色市乐业县新化镇百坭村担任驻村第一书记。2019 年 6 月 17 日凌晨，黄文秀从百色返回乐业途中遭遇山洪因公殉职，年仅 30 岁。

讨论：

（1）对于人物 A 和人物 B，你如何评价？

（2）人物 A 的贪腐事件给了我们什么启示？

分析：

（1）回顾现象发现，像人物 A 这样的年轻干部腐败案例近年来并不鲜见。这些青年大多拥有高学历、高能力，年纪轻轻就是单位的业务骨干，颇受领导重视和同事认可。但正是因为没有抵挡住内心的贪欲，踏上了腐败这条“不归路”，毁掉了自己的大好前途和青春年华。

（2）衣服的扣子扣错了，大不了解开重来；人生的扣子一旦扣错，便再无机会，即使从头再来，代价已然付出。今天大家看似稚嫩的双肩，明天就将扛起国家进步、民族复兴的重担。人生的扣子怎么扣，青年时代的第一步怎么走，是每一位青年都必须答好的人生考题。

3. 核心价值观的养成绝非一日之功

大学生要坚持由易到难、由近及远，从现在做起，从自己做起，努力把核心价值观的要求变成日常的行为准则，形成自觉奉行的信念理念，并身体力行大力将其推广到全社会中，为实现国家富强、民族振兴、人民幸福的中国梦凝聚强大的青春能量。

（二）把社会主义核心价值观落细落小落实

引入：

“一种价值观要真正发挥作用，必须融入社会生活，让人们在实践中感知它、领悟它。”

——习近平

对于大学生而言，树立和培育社会主义核心价值观，就是要切实做到勤学、修德、明辨、笃实，使社会主义核心价值观成为一言一行的基本遵循。

1. 勤学

知识是树立社会主义核心价值观的重要基础。大学生要注重把所学知识内化于心，形成自己的见解，专攻博览，努力掌握为祖国、为人民服务的真才实学，让勤于学习、敏于求知成为青春远航的动力。

2. 修德

"核心价值观，其实就是一种德，既是个人的德，也是一种大德，就是国家的德、社会的德。国无德不兴，人无德不立。"

——习近平

"德者，本也。"做人做事第一位的是崇德修身。蔡元培曾经说过："若无德，则虽体魄智力发达，适足助其为恶。"踏踏实实修好公德、私德，学会劳动、学会勤俭，学会感恩、学会助人，学会谦让、学会宽容，学会自省、学会自律。要立意高远，立志报效祖国、服务人民，这是大德。

拓展资料：李小文，中国科学院院士、遥感地理学家。科研中不务虚名、沉心实干，生活中低调简单、朴实无华，有种返璞归真的纯粹力量，被网友称为"仙风道骨"；当选 2014 年度北京师范大学"感动师大"新闻人物，对其的颁奖词为："当众声喧哗的网络将'布鞋院士'的盛誉簇拥向你，你却独盼这热潮退却，安静地做一辈子风轻云淡的'技术宅男'。"

要立足平实，从做好小事、修好小节起步。

拓展资料：黎海坚，广东茂名高州荷塘镇伦村村委会竹山村人，其父母当年同在深圳打工，生下她之后，就将她送回家乡让奶奶带养。在她年约两岁的时候，爸爸因病亡故了，从此之后，妈妈没有再回过家。2021 年高考，18 岁的黎海坚成绩刚过本科线，但她考虑到自己的实际情况，为稳妥起见，便选择报读了专科院校广东江门中医药职业学院。黎海坚说到，她是奶奶一手拉扯大的，现在奶奶老了，又患有病，正是需要她照顾的时候，她不能丢下奶奶不顾，她要带着奶奶上大学（插入图片）。

3. 明辨

培育和践行社会主义核心价值观，要增强自己的价值判断力和道德责任感，明辨什么是真善美、什么是假恶丑，自觉做到常修善德、常怀善念、常做善举。大学生要善于明辨是非，善于判断选择，旗帜鲜明地弘扬真善美、贬斥假恶丑，澄清模糊认识，匡正失范行为；自觉做良好道德风尚的建设者、社会文明进步的推动者。

事例说明：2020 年 7 月 19 日中国科学院大学网站发布的《中国科学院大学对季子越处分情况的通报》显示，此前网友反映该校硕士生季子越在境外社交平台多次发表涉及南京大屠杀等错误言论，经核对属实。经该校校长办公会审议批准，对季子越予以开除学籍处分。该通报称，季子越 2020 年 1 月因私出境前往美国，因疫情等影响滞留未归；7 月 8 日季子越从成都入境回国。该通报认为，季子越的行为损害了国家利益和祖国荣誉，违反了国家和学校相关规定，严重伤害了民族感情，背离了我校人才培养理念，其言论极其错误，造成的影响极其恶劣。我们可以反思一下：作为一名合格的公民，我们应该选择什么样的价值准则呢？

4. 笃实

道不可坐论，德不能空谈。青年要把艰苦环境作为磨炼自己的机遇，把小事当作大事干，一步一个脚印往前走。滴水可以穿石。只要坚韧不拔、百折不挠，成功就一定在前方等着你。

事例说明：出生于 1930 年的袁隆平，经历过吃不饱的日子，深刻体会到粮食的重要性。袁隆平的心中有两个梦：一是禾下乘凉梦，梦想试验田里的超级杂交稻长得有高粱那么高、稻穗有扫把那么长、谷粒有花生米那么大，我坐在禾下悠闲地纳凉；另一个是杂交稻覆盖全球梦。他从 1964 年开始从事杂交水稻研究，通过九年的努力，杂交水稻研究成功，1976 年开始大面积推广，1995 年两系法杂交水稻获得成功。由于他是中国研究与发展杂交水稻的开创者，也是世界上第一个成功利用水稻杂种优势的科学家，袁隆平被誉为“杂交水稻之父”。直到 2021 年年初，91 岁的袁隆平还坚持在海南三亚南繁基地开展科研工作。2021 年 5 月 22 日，袁隆平因病逝世。他把一生都奉献给了水稻和人民。

插入视频：“三代治沙人　39 年将沙漠变绿洲”

在甘肃省古浪县八步沙林场，现在的治沙代表性人物是郭玺，1981 年，他的爷爷郭朝明发动六个同伴一起来到“八步沙”，拉开了治沙事业的序幕。也就是从那时候开始，他们一家三代人和村民们一起，用 39 年的时间将 7.5 万亩沙漠变成了绿洲……

典型案例：

杨某顺系杨某洪、吴某春夫妇的儿子。杨某顺出生后一直随其父母在农村同一房屋中居住生活。杨某顺成年后，长期沉迷赌博，欠下巨额赌债。后该房屋被列入平改范围，经折迁征收补偿后置换楼房三套。三套楼房交付后，其中一套房屋出售他人，所得款项用于帮助杨某顺偿还赌债；剩余两套一套出租给他人，一套供三人共同居住生活。后因产生家庭矛盾，杨某洪、吴某春夫妇不再允许杨某顺在二人的房屋内居住。杨某顺遂以自出生以来一直与父母在一起居住生活，双方形成事实上的共同居住关系，从而对案涉房屋享有居住权为由，将杨某洪、吴某春夫妇诉至法院，请求判决其对用于出租的房屋享有居住的权利。

——《第二批全国大力弘扬社会主义核心价值观典型案例》，最高人民法院

案例分析：

人民法院认为，杨某顺成年后具有完全民事行为能力和劳动能力，应当为了自身及家庭的美好生活自力更生，而非依靠父母。杨某洪、吴某春夫妇虽为父母，但对成年子女已没有法定抚养义务。案涉房屋系夫妻共同财产，杨某洪、吴某春夫妇有权决定如何使用和处分该房屋，其他人无权干涉。杨某顺虽然自出生就与杨某洪、吴某春夫妇共同生活，但并不因此当然享有案涉房屋的居住权，无权要求继续居住在父母所有的房屋中。故判决驳回杨某顺的诉讼请求。

青年自立自强是家庭和睦、国家兴旺的前提条件。只有一代又一代人的独立自强、不懈奋斗，才有全体人民的幸福生活。《中华人民共和国民法典》第二十六条规定：“父母对未成年子女负有抚养、教育和保护的义务。成年子女对父母负有赡养、扶助和保护的义务。”对于有劳动能力的成年子女，父母不再负担抚养义务。如果父母自愿向成年子女提供物质帮助，这是父母自愿处分自己的权利；如果父母不愿意或者没有能力向成年子女提供物质帮助，子女强行“啃老”，就侵害了父母的民事权利，父母有权拒绝。司法裁判在保护当事人合法权益的同时，也引导人们自尊、自立、自强、自爱。

本案的裁判明确了有劳动能力的成年子女在父母明确拒绝的情形下无权继续居住父母所有的房屋，对成年子女自己“躺平”却让父母负重前行的行为予以了否定，体现了文明、法治的社会主义核心价值观，有助于引导青年人摒弃“啃老”的错误思想，树立正确的人生观、价值观，鼓励青年人用勤劳的汗水创造属于自己的美好生活；有助于弘扬中华民族艰苦奋斗、自力更生、爱老敬老的传统美德；有助于引导社会形成正确的价值导向，促进社会养成良好的家德家风，传递社会正能量。

教学小结

专题总结：

本专题从价值观和核心价值观的概念入手，引出社会主义核心价值观的概念和重要意义。社会主义核心价值观的基本内容为富强、民主、文明、和谐，自由、平等、公正、法治，爱国、敬业、诚信、友善，涉及国家、社会、公民三个层面，集中体现了社会主义的本质属性，代表了全体人民共同的价值追求。只有全社会积极弘扬和践行社会主义核心价值观，才能汇聚起建设社会主义现代化强国和实现中华民族伟大复兴中国梦的磅礴力量。

坚定社会主义核心价值观自信，要求我们充分认识社会主义核心价值观的优越性及其在中华民族实现自己梦想的奋斗中所具有的重大意义，自觉以社会主义核心价值观来引领我们的接力前行；要求我们自觉以社会主义核心价值观引领多样化的社会思潮，运用马克思主义客观辩证地分析各种错误价值观的实质，增强抵御错误价值观侵蚀的能力，不断增强社会凝聚力和价值共识。坚定社会主义核心价值观自信，还要求我们在发展的进程中虚心学习借鉴人类社会创造的一切文明成果，但不能数典忘祖，不能照抄照搬别国的发展模式，也绝不能接受任何外国颐指气使的说教。

培育和践行社会主义核心价值观，既要目标高远，保持定力，不懈奋进，又要脚踏实地，严于律己，精益求精，将社会主义核心价值观转化为人生的价值准则，勤学以增智、修德以立身、明辨以正心、笃实以为功，在激扬青春、开拓人生、奉献社会的进程中书写无愧于时代的壮丽篇章。

学习思考：

【教学效果】

本专题教学将以往课堂教学优势与在线教育优势有效融合，采取“线上线下”混合式教学模式，力求用学生的身边事、关注点，通过经典案例、图片数据和短视频分享互动等途径，营造与学生共情的鲜活教学情境，通过富有特色的教学活动，帮助学生深刻领会社会主义核心价值观的重要意义和科学内涵，从而增强学生的价值认同，坚定价值观自信，成为社会主义核心价值观的坚定信仰者、积极传播者、模范践行者。本专题教学获得了学生和教学督导的认可和好评。

【教学经验】

在本专题的教学中，注重从小切口入手，从学生身边人、身边事着眼，以问题为靶，采用专题教学法、案例教学法、问题式教学法等多种教学方法并举的方式，线上以点带面，线下由表及里，实现线上线下、课内课外有效贯通，提高了学生学习的主动性和参与性。

【改进措施】

不断强化现有“线上”平台和“线下”课堂的各自特色与融会贯通，形成教学合力；不断丰富和完善线下教学内容设计，形成对线上教学内容的及时补充和拓展；不断提高师生和生生之间互动交流的参与度，增强对教学问答过程的激励与评价，提高教学的有效性，使该课程真正成为学生真心喜爱、终身受益的国家级一流课程。

阅读文献：

［1］中共中央办公厅，国务院办公厅．关于进一步把社会主义核心价值观融入法治建设的指导意见［N］. 人民日报，2016-12-25.

［2］梁漱溟．人心与人生［M］. 北京：学林出版社，1984.

［3］宇文利．中国人的价值观［M］. 北京：中国人民大学出版社，2012.

［4］中共中央办公厅．关于培育和践行社会主义核心价值观的意见［M］. 北京：人民出版社，2013.

［5］习近平．培育和弘扬社会主义核心价值观［M］//习近平．习近平谈治国理政：第1卷．北京：外文出版社，2018.

（执笔人：王小莹　常婧超）

专题六　遵守道德规范　锤炼道德品格

教学简况

课时安排：

8 课时。

教学目标：

思想目标。理解道德的基本理论和社会主义道德的核心、原则；了解社会主义道德形成与发展过程的基本情况，自觉传承与践行中华传统美德和中国革命道德的优秀品质；养成良好的道德品质，自觉讲道德、尊道德、守道德，做社会主义道德的践行者、示范者和引领者。

知识目标。了解道德的本质、起源；掌握社会主义道德的核心和原则；正确认识和了解中华传统美德的基本精神和中国革命道德的主要内容；了解社会公德、职业道德、家庭美德的主要内容。

能力目标。深化对道德基本理论的认识，理解社会主义道德核心、原则的科学内涵，正确处理国家、集体和个人的关系；能用马克思主义的立场、观点和方法，科学地分析人类社会的一切道德成果；把对道德的认识落实到具体的实践和行为中，成为一个遵守道德的好公民。

教学重点：

道德的起源、本质；社会主义道德的核心和原则；中华传统美德的基本精神；中国革命道德的主要内容；社会公德、职业道德、家庭美德的主要内容。

教学难点：

道德的起源、本质，社会主义道德的核心和原则；中华传统美德的创造性转化和创新性发展；社会公德、职业道德、家庭美德的主要内容。

教学过程

一、社会主义道德的核心与原则

【问题导入】

道德是我们生活中的高频词。习近平总书记指出：道德之于个人、之于社会，都具有基础性意义，做人做事第一位的是崇德修身。那么大家对道德这个词是怎么理解的呢？

（一）道德的起源

要理解道德的本质，先要理解道德的起源。道德的起源是道德理论和实践中的一个重要问题。不同的道德起源和发展理论支配着人们对人类道德发展规律的判断和认识，进而影响社会道德建设的实践路径。

道德是人类社会发展到一定阶段的产物。关于道德的起源，有多种理论和观点。马克思主义批判地继承了人类思想史上的优秀成果，对道德的起源进行了科学的理论阐释。

1. 非科学的道德起源理论

马克思主义产生前后，关于道德的起源有很多种不同的阐释。

天意神启论认为道德是上帝（或佛祖、真主）的启示，或者道德起源于上天的命令。如基督教经典《圣经》认为，上帝创造了整个宇宙和人类，因而也是人类道德的根源。“摩西十诫”在西方伦理史上被称作黄金定律，也奠定了基督教道德的基础。古希腊著名哲学家柏拉图认为，道德是神把“善的理念”安放到人们灵魂中去的结果。在中国有一种观点认为天命、天道、天理决定一切，道德乃天意。董仲舒认为道德来源于天，是天的意志的体现。他指出“道之大原出于天，天不变，道亦不变。”这些观点试图以人之外的某种客观意志来说明道德的起源，其结果只会使道德偏离人的活动而滑向神秘主义的彼岸世界。

先天人性论把道德的起源或归结为与生俱来的善性，或归结为先天存在的良心、理念或精神。如孟子认为，道德是人与生俱有的，是人心的产物，“仁义礼智根源于心”。明代的王阳明说：“良知，心之本体。”德国哲学家康德认为，人类的道德观念和道德准则都源于先天存在于人内心的道德律。在黑格尔那里，道德是绝对精神的自由意志在人的主观内心中的体现。这些理论试图从道德主体之内寻找道德根源，认识到道德是无法离开人而存在的，但却忽视了道德的社会基础，从而陷入主观唯心主义的泥潭。

情感欲望论认为道德起源于人们的情感欲望，是人们为实现情感欲望而形成的行为要求。情感主义认为，道德就是情绪的表现，它表达的是人们的某种感情，人们把感情表达出来，希望由此引唤起他人类似的感情。这种观点看到了人的情感欲望对道德的作用，但将道德完全归结为人们的情感、欲望和要求，不可能从本质上揭示道德与情感的关系，既难以对具有不同情感和欲望要求的人们何以产生共同的道德判断和善恶评价，作出与实际相符的合理解释，也容易导致道德相对主义甚至是道德虚无主义。

动物本能论认为道德观念是动物本能的延续，进而把动物基于本能的活动与人类有目的、有意识的活动画上等号。从进化的观点看，人类的道德有其自然史的基础。这种观点把动物基于本能的活动与人类有目的、有意识的活动画上等号，不可能科学地解答人类道德的起源问题。

这几种道德起源论的共同特征就是：离开人的社会实践、离开社会的历史发展来谈道德起源，都没有真正地揭示其中的奥妙。

2. 马克思主义道德起源学说

在马克思主义的唯物史观视野中，“物质生活的生产方式制约着整个社会生活、政治生活和精神生活的过程”。道德的起源只能从人们的生产方式和生活方式以及人们在其中形成的社会关系中去把握。

劳动是人类道德起源的首要前提。劳动在人类形成过程中起了决定性作用，人类的祖先类人猿经过长期的劳动实践，才变成能制造工具的人，所以说，劳动为类人猿变成人奠定了自然基础。同时，劳动促进了人的大脑器官的发展，带动了人的意识的发展，从中逐渐萌发了人类最初的语言和意识，从而为人成为道德主体奠定了观念基础。在远古时代，自然环境恶劣，个人力量单薄，人要生存必须要联合起来。人们在与自然作斗争、创造自己生产生活所必需的新产品的过程中，相互依赖、相互合作，使群居的本能升华为人的社会本性，人在劳动中具有了社会性。

社会关系是道德赖以产生的客观条件。"人的本质，在其现实性上，是一切社会关系的总和。"流落在荒岛上的鲁滨孙除了对他自己和自然界之外，不会有什么真正的道德或不道德的行为，因为他是在社会之外的。只有在社会中，发生了个人与整体、个人利益与整体利益的相互关系之后，只有当人将其合群的本能上升为交往关系时，道德才可能发生。道德是社会关系的道德，社会交往需要道德，人类社会生活需要道德。

人的自我意识是道德产生的主观条件。意识是人和人类的特有现象，是道德发生的思想认识前提。意识到自己的社会角色与他人和社会的不同利益关系，且需要借助某种外部力量调节时，才有道德。随着人们头脑中意识的逐渐发展、扩散，如何做、做什么"有利"、做什么"有害"（实质上是最初的善恶观念），应该如何、不应该如何的道德要求逐渐以观念、意识的形式被固定下来，并最终成为道德规范。

劳动、社会关系、自我意识三者的有机统一，是我们理解道德起源问题的基本视角。将道德的起源归结于其中任何一个因素都会有失偏颇。道德是在劳动、社会关系和自我意识等因素的交互融合与相互作用中产生的。

（二）道德的本质

1. 道德词源解析

道德一词，在英文中与之对等概念是 morality，其基本含义是风俗习惯，由此演化出规律、品性等意思。中华民族自古以来就有崇尚道德的传统。在中国古代，道和德是两个字。"道"本义为道路。《解字说文》上说："道，所行道也。"道是人们行走的道路，由此引申为事物发展变化的道理、规律与原则。"德"字在甲骨文中，左边是"彳"（chì）形符号，它在古文中是表示道路、行动的符号，其右边是一只眼睛，眼睛之上是一条垂直线，这是表示目光直射之意。所以这个字的意思是：行动要正，而且"目不斜视"，这就是"德"。在金文中，"德"字的会意就更加全面了，"目"下面又加了"心"，就是说：目正、心正才算"德"。在小篆中，"德"字右边的上方变成了"直"，"直心"为"德"（详见图 6-1）。

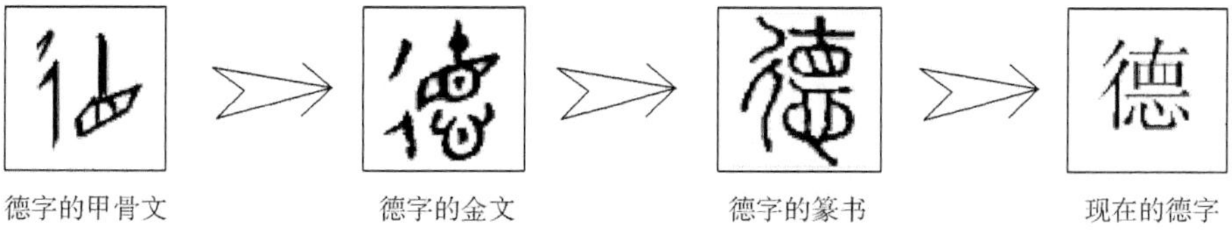

图 6-1　德字的演变过程

所以在中国古代文字中，德就是对“道”，对“自然规律”的认识和理解，是人们在实行道的过程中内心有所得。中国古代道德的“德”和得到的“得”是相通的，《说文解字》上说，“德，外得于人，内得于己也”，“得即德也”。那么得到了什么呢？“德”真正要“得”的是“道”，是得到人们行为应当遵循的各种原则和规范，使其内化于心，并能够持之以恒地保持下去。朱熹说：“德者，得也，行道而有得于心者也。”“道”与“德”所合成的“道德”一词的词源含义就是“应该如何的行为规范”。

2. 道德的概念

道德是一种特殊的社会意识形态，它以善恶为评价方式，是主要依靠社会舆论、传统习俗和内心信念来发挥作用的行为规范的总和。我们可以从三个方面来理解道德：第一，它是一种特殊的社会意识形态，这是其基本范畴，这是它本质的第一方面；第二，对道德的评价的尺度或标准是善和恶；第三，道德的三大维系（即依靠什么来发挥作用）是社会舆论、传统习俗和人的内心信念。这里可以看出道德不具有强制力，是一种柔性的规范，但这种柔性的规范同样能发挥出巨大的作用。

3. 道德的本质

对道德概念的进一步理解在于深入理解道德的本质。

（1）道德的一般本质。道德的本质首先在于它是反映社会经济关系的特殊意识形态。这是道德的一般本质，即和其他的意识形态一样所具有的本质。道德的产生、发展和变化，归根结底根源于社会经济关系。正如恩格斯所说：人们自觉地或不自觉地，归根到底总是从他们阶级地位所依据的实际关系中——从他们进行生产和交换的经济关系中，获得自己的伦理观念。

道德的性质和基本原则、规范反映了与之相应的社会经济关系的性质和内容。有什么样的经济关系，相应地就有什么样的社会道德。经济关系不仅直接体现为人们在生产、生活中的相互关系，而且更全面、更细致地体现在人们的行为之中。经济关系的集中表现就是利益关系，而道德问题在根本上就是利益问题。事实上，人们总是从一定的利益出发来选择自己的行为，处理与他人或社会的关系，作出一定的价值评价，从而形成一套相对稳定的道德原则与规范。道德的性质反映了与之相对应的经济关系的性质。从大的方面来说，与社会形态相对应，人类社会产生了原始社会的道德、奴隶社会的道德、封建社会的道德、资本主义社会的道德和社会主义社会的道德。

道德会随着社会经济关系的变化而变化。一般说来，新旧经济关系更替之后，新的社会道德必将取代旧道德而居于主导地位。在人类道德史上，一切道德上的兴衰起伏，进退消长，从根本上说总是源于社会经济关系的变革。当然，新道德代替旧道德也有其复杂的内涵：一方面，新道德总是要从不同的方面或多或少地继承某些传统；另一方面，这种更替并非即时的，而是或早或迟，或快或慢的。另外，在同一个社会里，随着经济关系的局部变化，道德的某些内容也会发生相应的变化。

道德作为一种社会意识，在阶级社会里总是反映着一定阶级的利益，因而不可避免地具有阶级性；但同时不同阶级之间的道德或多或少也会有一些共同之处，这反映了道德的普遍性。

作为社会意识的道德一经产生，便有相对的独立性。一方面，新的道德并不是对过去道德的全盘否定，而是会继承其中一些符合新时代需要的文明成果，即道德具有历史继承性；另一方面，道德并不是完全被动的由社会经济关系决定，而是对社会发展也具有能动的反作用。

（2）道德的特殊本质。道德是一种特殊的社会利益关系调节方式，这是道德的特殊本质。其特殊性表现在，道德主要依靠社会舆论、传统习俗和人的内心信念来发挥作用，而不是像法律等规范一样，依靠国家强制力来发挥作用，它不具有强制性，因而是一种柔性的调节方式；道德不是被颁布、制定或规定出来的，而是在同一社会或同一生活环境中的人们在长期共同生活中逐步积累起来的要求、秩序和理想，它依靠社会舆论、传统习俗、内心信念等维系，主要不是制度化的规范，而是一种非制度化的规范。

（3）道德是一种实践精神。道德旨在通过把握世界的善恶现象来规范人们的行为，并通过人们的实践活动而体现社会意识。道德是以指导人的行为为目的、以形成人的正确的行为方式为内容的精神要求，在本质上是知行合一的。道德不在于人们懂了多少道德知识、理解了多少道德的理论，重要的在于人们的日常行为，体现在人们的行为选择中。道德以善恶为标准对人们的行为进行评价，以价值合理性引导人们的思想观念、指导人们的实践，以此来改造提升现实，使我们的世界合情合理，尽善尽美。

（三）为人民服务是社会主义道德的核心

问题导入：市场经济条件下，市场主体追求利益最大化，这时再强调为人民服务是否过时了呢？

1. 关于道德的核心

一切社会的道德都有居于核心地位的道德。一般来说，在道德建设中，从始至终，都必然要有一个统帅一切的道德原则、道德规范，也要有社会公德、职业道德、家庭美德等指导思想，这即为道德的核心。道德核心是道德的灵魂，决定着社会道德建设的根本性质和发展方向，规定并制约着道德领域中的所有道德现象，是一种社会道德区别于另一种社会道德的主要标志。道德领域中所有的道德现象，包括道德意识现象和道德活动现象，都要受道德核心的制约和规定，并以这个核心作为其出发点和最终目的。在阶级社会中，一个阶级的道德核心，可以说是这一阶级的伦理精神的体现，是这一阶级的道德区别于其他阶级道德的本质特征。

从道德建设的一般规律来看，道德核心，总是同它的道德的根本出发点和根本目的联系在一起的，总是同它的道德是为什么人服务联系在一起的。道德核心的问题，就是为了什么人的问题。毛泽东同志说："为什么人的问题，是一个根本问题，原则的问题。"①

2. 社会主义道德中的为人民服务

自古以来，一切剥削阶级的道德核心，都是为少数人服务的，或为奴隶主阶级服务，或为封建地主阶级服务，或为资产阶级服务。只有无产阶级的道德核心，才是为广大群众服务的，即为人民服务的。

1939 年毛泽东同志就指出：区别革命道德和一切剥削阶级道德的根本分界线就是"为人民服务"，因此，"为人民服务"也构成了社会主义道德的核心。1944 年，毛泽东同志明确地以"为人民服务"作为对张思德及一切革命者的崇高品质的概括，强调一切革命者都要"想到大多数人民的利益"，都要"彻底地为人民的利益工作"，"一切革命队伍的人，都要互相关心、互相爱护、互相帮助"。此后，毛泽东同志又进一步提出"全心全意为人民服务"的思想，使"为人民服务"的思想有了新的升华。旗帜鲜明地把"全心全意为

① 毛泽东选集：第 3 卷［M］. 北京：人民出版社，1991，857.

人民服务"作为革命军队和革命政党的宗旨，作为贯穿革命道德始终的一根红线，是中国共产党在中国革命实践中的一个伟大创造，对中国的革命事业和道德建设，产生了极其重大的推动作用。只有从人民的利益出发，只有全心全意地为人民服务，才能具有"毫不利己、专门利人"的精神，才能在道德境界上不断升华，才能成为"一个高尚的人，一个纯粹的人，一个有道德的人，一个脱离了低级趣味的人，一个有益于人民的人"。

在革命战争时期，无数革命先烈，忠于革命、忠于人民、忠于祖国，把一切都献给了人民的事业，用鲜血和生命谱写了一曲曲壮丽的凯歌。他们为追求真理、造福人民而宁死不屈、视死如归的大无畏精神，一心想着人民、全心全意为人民服务和毫不利己、专门利人的奉献精神，是中国革命道德的生动体现。在社会主义建设时期，广大的党员、干部和人民群众，在各自的工作岗位上大公无私、勇于奉献、全心全意为人民服务，在面临危险的情况下，国而忘家、公而忘私，有的甚至献出了自己的生命。正如人们评价焦裕禄同志时所说的，"心中装着群众，唯独没有他自己"，把 50 岁的生命献给雪域高原的孔繁森也是如此。正如雷锋同志自己所说的，要"把有限的生命投入到无限的为人民服务之中去"。他们这种崇高的"全心全意为人民服务"的精神，呈现出习近平总书记所说的社会主义道德的行为宗旨——我将无我，不负人民。

3. 社会主义市场经济与为人民服务

为人民服务是社会主义经济基础和人际关系的要求。为人民服务的根本制度保证包括以公有制为主体、多种所有制经济共同发展，按劳分配为主体、多种分配方式并存，社会主义市场经济体制等基本经济制度。为人民服务广泛的社会基础包括：团结互助、平等友爱、共同进步的新型人际关系。各行各业的劳动者和建设者，只是社会分工不同，没有高低贵贱之分。权利和义务不再分属于两个对立的阶级，而是统一于人民自己身上，每个人都是服务对象，又都为他人服务，全体人民通过社会分工和相互服务来实现共同利益。

4. 为人民服务的先进性与广泛性

在践行为人民服务的实践中，有人有疑惑：为人民服务特别是全心全意为人民服务是高标准的要求，是对党员领导干部和少数道德高尚的人的要求，不应成为一种普遍性的道德要求。事实上，在我国的道德建设实践中，为人民服务有多层次内容的要求，体现出先进性和广泛性的统一。毫不利己、专门利人、无私奉献是为人民服务，这体现了为人民服务的先进性要求；顾全大局、先公后私、爱岗敬业、办事公道也是为人民服务，这是为人民服务的广泛性要求之一。道德奉献是为人民服务，敬职敬业、做好本职工作也是在为人民服务。我们发展市场经济的一个目的就是要通过市场机制的资源优化配置作用，充分满足人民的物质生活和精神生活的需要。所以，尊重、满足人民群众的利益需要，也是为人民服务宗旨的内容要求之一。只要一个人对社会、对他人尽了心、尽了力、尽了职，他的言行就具有道德价值。

按照这样的道理，同学们今天努力学习，掌握了为人民服务的本领，将来走上社会和工作岗位为国家和社会作贡献，同时做到尊重人、理解人、关心人，为人民、为社会多做好事，多做贡献，就是践行了为人民服务的精神。社会主义中国需要为人民服务，从一个国家的国魂中，从一个民族的民族魂中，从道德的终极谱系和目的中，为人民服务是我们一切美好愿望的起点，是一切人伦关系的基点。为人民服务作为社会主义道德的核心，是贯穿我国道德原则建设中的一根主线。在集体主义中，集体利益就是人民群众的利益。在社会公德、职业道德、家庭美德中，为人民服务也是贯穿其中各个领域的一个重要思想。

（四）集体主义是社会主义道德的原则

互动：在疫情防控的总体情况下，面对下面的情况，你是怎么考虑的呢？

A：全国其他地方某小区出现了感染病例，小区要进行封闭式管理，人员不能进出，你赞同吗？

B：你在的城市某小区出现了感染病例，小区要进行封闭式管理，人员不能进出，你赞同吗？

C：你所在的小区出现了感染病例，小区要进行封闭式管理，人员不能进出，你赞同吗？

讨论：全球疫情防控现状。全球主要国家中，为什么中国能成功地防控住疫情？

原因：党的领导，全国人民齐心协力，制度优势，中国精神，中国力量，中国速度……

互动：站在今天的角度看 2020 年的国家防控政策，你觉得这些防控政策应该吗？我们付出的代价值得吗？

没有 2020 年最坚决、最严格、最彻底的防控政策，没有每一个人的坚守和付出，取得疫情阻击仗的胜利是不可想象的。这些政策，从短期和当时来看，给人们带来了一些不便，给当时的经济带来了不利的影响，但从今天来看，是值得的。没有当时的付出，就没有我们今天正常的开学、正常的生活。疫情防控政策维护了全体人民的根本利益、长远利益和全局利益。通过疫情防控，我们应该对个人与他人、与社会、与国家的关系有了更进一步的理解和体会。

我们的这种体会，让我们能更好地理解邓小平同志曾经说过的一段话。小平同志指出：在社会主义制度下，个人利益要服从集体利益，局部利益要服从整体利益，暂时利益要服从长远利益……我们必须按照统筹兼顾的原则来调节各种利益的相互关系。如果相反，违反集体利益而追求个人利益，违反整体利益而追求局部利益，违反长远利益而追求暂时利益，那么，结果势必两头都受损失。

集体主义是调节国家利益、社会整体利益和个人利益关系的基本原则。集体主义强调国家利益、社会整体利益和个人利益的辩证统一；集体主义强调国家利益、社会整体利益高于个人利益；集体主义重视和保障个人的正当利益。集体主义三个层次的道德要求包括：一是无私奉献，一心为公。二是先公后私，先人后己。三是顾全大局、遵纪守法，热爱祖国，诚实劳动，以正当合法的手段保障个人利益。集体主义离我们并不遥远，就存在体现于具体的学习、工作、生活之中。人人都可以而且应当践行集体主义原则，沿着道德的阶梯循序渐进地向上攀登。当代大学生应当正确认识和处理国家、集体、个人的利益关系，自觉坚持个人利益服从集体利益、局部利益服从整体利益、当前利益服从长远利益，反对小团体主义、本位主义和极端个人主义。

二、社会主义道德的形成与发展

社会主义道德的形成与发展，吸收借鉴了人类的优秀道德成果。这其中既传承了中华传统美德，也发扬了中国革命道德，同时还借鉴了人类其他文明的优秀道德成果。

（一）传承中华传统美德

问题导入：推进社会主义道德建设，必须坚持马克思主义道德观，充分借鉴各种优秀道德成果。

习近平总书记指出：为什么中华民族能够在几千年的历史长河中顽强生

存和不断发展呢？很重要的一个原因，是我们民族有一脉相承的精神追求、精神特质、精神脉络。今天，中华民族要继续前进，就必须根据时代条件，继承和弘扬我们的民族精神、我们民族的优秀文化，特别是包含其中的传统美德。

习近平总书记将中华优秀传统道德成果所形成的中国传统优秀文化，升华总结为“中华民族的基因”“民族文化血脉”“中华民族的精神命脉”，使其成为民族精神的源头和“老根”，为全世界所有华人提供了“精神家园”。

1. 中华传统美德的基本精神

（1）重视整体利益，强调责任奉献。在中华传统道德的发展演化中，始终强调整体利益、国家利益和民族利益的重要性。传统道德中的义利之辨、理欲之辨，其核心和本质是公私之辨，而“公义胜私欲”则是中国传统美德的根本要求。2013 年 3 月 17 日，习近平总书记在第十二届全国人民代表大会第一次会议闭幕会上讲话指出，要忠于祖国，忠于人民，恪尽职守，夙夜在公，为民服务，为国尽力。“夙夜在公”出自两千多年前的《诗经》，可见当时我们就把日夜为公家办事看作一种高尚的道德品质。《尚书》上也有“以公灭私，民其允怀”的思想，认为朝廷官员应当以公心灭除自己的私欲，这样就可以得到老百姓的信任和依附。后来无论是范仲淹的“先天下之忧而忧，后天下之乐而乐”，还是林则徐的“苟利国家生死以，岂因祸福避趋之”，都体现出强烈的为国家、为民族、为整体而献身的精神。正是从国家利益和整体利益的原则出发，中国古代思想家强调，在“义”和“利”发生矛盾时，都主张“义以为上”“先义后利”“见利思义”，主张“义然后取”，反对“重利轻义”“见利忘义”。虽然我们今天不否认义利兼得，但更倡导先义后利，更敬仰国而忘家、公而忘私。

（2）推崇“仁爱”原则，注重以和为贵。“仁”是儒家思想的核心，儒家思想又是中国传统思想的主干。

中国传统伦理思想一直尊重人的尊严和价值，崇尚“仁爱”原则，主张“仁者爱人”，强调要“推己及人”，关心他人。孔子提出，“己欲立而立人，己欲达而达人”，“己所不欲，勿施于人”。要求人们应当设身处地地为对方考虑：我希望达成的事情，也要允许和帮助别人达成；凡是我不愿意别人施加于我的一切事情，我都应当自觉地不施加于别人。从仁爱的精神出发，中国传统伦理注重社会和谐，讲求和睦友善，倡导团结互助，追求和平共处。事实上，在几千年的人类文明发展史中，中国人始终与人为善，推己及人，建立了和谐友爱的人际关系；中华民族始终互相交融，和衷共济，形成了团结和睦的大家庭；中华民族始终亲仁善邻，协和万邦，与世界其他民族在平等相待、互相尊重的基础上发展友好合作关系。推崇仁爱、崇尚和谐、爱好和平是中华民族的优良传统和高尚品德。

（3）提倡人伦价值，重视道德义务。中华传统美德非常重视每个人在人伦关系中的地位及其价值，强调每个人都必须尽自己应尽的义务。早在《尚书》中，我们就提出了“五教”的思想，即“父义”“母慈”“兄友”“弟恭”“子孝”。孟子则提出了“五伦”说，即“父子有亲、君臣有义、夫妇有别、长幼有序、朋友有信”。汉代以后，相继提出了新原则，如宋代思想家们提出了“忠孝节义”四大德目，都在不断强化人伦关系中每个人的责任和义务，强调人伦价值的重要意义。

（4）追求精神境界，向往理想人格。无论是个人的道德修养，还是人生追求，都应以理想人格为样板，向高层次的境界迈进。如中国古代儒家提倡的圣人、士、君子等即为古代中国人特别是知识分子所追求的理想人格。中华传统美德积极引导人们追求崇高的精神境界，把道德理想的实现看作人生最高层次的需要，超越了具体的物质生活条件，超越了人生现实条件的限制，成就了不朽的人生境界。《左传》提出：“太上有立德，其次有立功，其次有立言，虽久不废，此之谓不朽。”从先秦儒家所强调的孔颜之乐，到“先天下之忧而忧，后天下之乐而乐”，这种精神已经凝聚成为中华民族的一种特有的价值追求。“富贵不能淫，贫贱不能移，威武不能屈”的大丈夫人格，就是这种追求在人生价值中的体现。

（5）强调道德修养，注重道德践履。中国古代的思想家们普遍认为，在塑造理想人格的过程中，最重要的就是要奋发向上、切磋践履、修身养性。孔子说，“仁远乎哉？我欲仁，斯仁至矣”，“有能一日用其力于仁矣乎？我未见力不足者”，认为“仁”这种道德品质和道德境界，并不是遥远而不可达到的。人们应当“见贤思齐焉，见不贤而内自省也”，“吾日三省吾身”。孟子主张人们应“善养吾浩然之气”。荀子指出，“道虽迩，不行不至；事虽小，不为不成”。墨家也非常重视“修身”，强调“察色修身”和“以身戴行”。

2. 中华传统美德的创造性转化和创新性发展

习近平总书记指出：要继承和弘扬我国人民在长期实践中培育和形成的传统美德，坚持马克思主义道德观、坚持社会主义道德观，在去粗取精、去伪存真的基础上，坚持古为今用、推陈出新，努力实现中华传统美德的创造性转化、创新性发展，引导人们向往和追求讲道德、尊道德、守道德的生活，让 13 亿人的每一分子都成为传播中华美德、中华文化的主体。为此，我们要做到以下几点。

第一，加强对中华传统美德的挖掘和阐发。《新时代公民道德建设实施纲要》指出："深入挖掘自强不息、敬业乐群、扶正扬善、扶危济困、见义勇为、孝老爱亲等传统美德，并结合新的时代条件和实践要求继承创新，充分彰显其时代价值和永恒魅力，使之与现代文化、现实生活相融相通，成为全体人民精神生活、道德实践的鲜明标识。"

第二，用中华传统美德滋养社会主义道德建设。

第三，在对待传统道德的问题上，要反对两种错误思潮。复古论认为道德建设的最终目标就是要恢复中国"固有文化"，形成以中国传统文化为主体的道德体系。虚无论认为，中国传统道德在今天从整体上来说已经失去了价值和意义，必须从整体上予以全盘否定。

我们要树立文化自觉与文化自信。正如习近平总书记指出的，中华优秀传统文化中蕴含的道德规范体现着评判是非的价值标准，潜移默化地影响着中国人的行为方式。"道德当身，故不以物惑。"我们今天必须要用蕴含其中的精髓、精华滋养当代中国人的精神世界，提振中国人的精神力量。

（二）发扬中国革命道德

抗日战争时期，美国著名记者斯诺在延安看到：毛泽东住在十分简陋的窑洞里，穿的是打了补丁的衣服，吃的是小米；看到周恩来睡在土炕上，看到了彭德怀穿的背心竟是用缴获的降落伞做的，林伯渠的耳朵上带的是用线绳系着的断了一只腿的眼镜。他赞叹说：中国共产党人身上有一种神奇的力量，他称之为东方魔力、兴国之光。

东方魔力实际上就是中国革命道德。中国革命道德是对中华传统美德的延续与发展，是中国共产党人、人民军队、一切先进分子和人民群众在中国革命、建设、改革中所形成的优秀道德。中国革命道德萌芽于五四运动前后，发端于中国共产党成立以后蓬勃发展的伟大工人运动和农民运动，经过土地革命战争、抗日战争、解放战争和社会主义革命、建设、改革的长期发展，逐渐形成并不断发扬光大。作为一种精神力量，从它形成的时候起，就对中国的革命、建设、改革事业，发挥着极其重要的作用，是中华民族极其宝贵的道德财富。下面我们就从中国革命、建设、改革的实践中，一起去探寻中国革命道德的主要内容，更好地继承和弘扬我们的革命道德传统。

1. 为实现社会主义和共产主义理想而奋斗

坚持社会主义、共产主义理想和信念的不屈不挠的精神，是中国革命道德的灵魂。红船精神、井冈山精神、苏区精神、长征精神、延安精神、西柏坡精神等红色精神都包含着为实现社会主义和共产主义而奋斗的革命道德。在那硝烟弥漫、战火纷飞的岁月，社会主义、共产主义的理想就像嘹亮的号角，鼓舞着人们去奋勇杀敌。无数革命先烈，正是为了实现这样一个崇高的理想，毫不犹豫地献出了自己的生命。正是有了这样坚定的理想，夏明翰烈士发出了“砍头不要紧，只要主义真，杀了夏明翰，还有后来人”的豪言壮语。

2. 全心全意为人民服务

1944年，毛泽东以“为人民服务”对张思德及一切革命者的崇高品质进行了概括。此后，他又进一步提出“全心全意为人民服务”的思想，使之成为贯穿革命道德始终的一根红线。面对国家进入新时代，责任重大、工作艰巨，习近平总书记发出了“我将无我，不负人民”的誓言。“无我”不仅仅是体现为心中无私，更体现在“心中有民”。这也是中国革命道德的核心内容。在革命战争时期，无数革命先烈，忠于革命、忠于人民、忠于祖国，把一切都献给了人民的事业，用鲜血和生命谱写了一曲曲壮丽的凯歌。他们为追求真理、造福人民而视死如归的大无畏精神，一心想着人民、全心全意为人民服务和毫不利己、专门利人的奉献精神，是中国革命道德的生动体现。

3. 始终把革命利益放在首位

为革命利益而奋斗，是共产党人和革命者从事革命的根本目的。始终把党的利益、国家的利益、民族的利益、集体的利益放在第一位，是中国革命道德所要求的行动准则。在个人利益和革命利益发生矛盾时，革命者应该怎么办？要如毛泽东同志所说的那样：以革命利益为第一生命，个人利益服从革命利益；也如邓小平同志所说的那样：为了国家和集体的利益，为了人民大众的利益，一切有革命觉悟的先进分子必要时都应当牺牲自己的利益。正是依靠这种革命利益高于个人利益的集体主义原则，我们的革命事业才能得以不断蓬勃地向前发展。

4. 树立社会新风，建立新型人际关系

中国革命道德的传扬，破除了等级观念和特权思想，破除了鄙视劳动和劳动人民的旧道德观念，树立了平等意识，使社会道德面貌和社会风尚发生了巨大的变化。1937 年 1 月，中共中央进驻延安。延安，像一块巨大的磁铁，把许多追求进步、有理想有抱负的青年都吸引来了。摄影家吴印咸写道：这里的人们个个显得十分愉快，质朴，人们之间的关系又是那么融洽。我看到毛泽东主席、朱德总司令等人身穿粗布制服出现在延安街头，和战士、老乡唠家常，谈笑风生……我被深深地感动了。我觉得我已经到了另一个世界，这正是我梦寐以求的理想所在。正是因为世界上还有这么好的地方，人人平等、换了人间，才使得这片黄土地成为成千上万仁人志士和爱国青年神往的地方。

5. 修身自律，保持节操

1949 年 3 月，在中国人民革命战争取得全国性胜利的前夕，在中国共产党七届二中全会上，毛泽东号召全党“务必继续保持谦虚、谨慎、不骄、不躁的作风，务必继续保持艰苦奋斗的作风”。为了保持谦虚谨慎，防止对个人歌功颂德，根据毛泽东的提议，全会做出了六条规定。2012 年 12 月 4 日，中央政治局召开会议，审议并通过了关于改进工作作风、密切联系群众的八项规定。

党的十八大以来，习近平总书记深入基层，心系群众，从赴广东考察工作时住普通套房、吃自助餐，到赴河北调研时吃大盆菜；从在河北阜平住 16 平方米的房间，到在四川芦山地震灾区住临时板房；从在湘西同村民一起摘柚子，到去北京庆丰包子铺排队点餐。这些都时时、处处、事事彰显了共产党人的政治本色和严于律己的高尚情操。

中国革命道德内涵丰富，历久弥新。历史经验表明，革命传统特别是革命道德传统，是克服前进道路上一切困难的重要精神支柱，是战胜千难万险的重要力量源泉。习近平总书记指出，我们要沿着革命前辈的足迹继续前行，把红色江山世世代代传下去。革命传统教育要从娃娃抓起，既要注重知识灌输，又要加强情感培育，使红色基因渗进血液、浸入心扉，引导广大青少年树立正确的世界观、人生观、价值观。

（三）借鉴人类文明优秀道德成果

一个国家或民族的道德进步，既要注重在文明交流中坚守自身优秀道德传统，也要在文明互鉴中积极吸收其他有益道德成果。

优秀的民族道德具有实用价值。道德都是某个民族或国家在特定历史条件下，为回应来自自然环境、社会生活和人际关系的各种矛盾而形成和发展起来的，反映了具体的民族或国家的生存方式和生活态度。异质文化的交流和碰撞、冲突和融合，是道德保持其生命力、实现自我更新和发展的重要机制。

习近平总书记指出，我访问过世界上许多地方，最喜欢做的一件事情就是了解五大洲的不同文明，了解这些文明与其他文明的不同之处、独到之处，了解在这些文明中生活的人们的世界观、人生观、价值观。我到过代表古玛雅文明的奇琴伊察，也到过带有浓厚伊斯兰文明色彩的中亚古城撒马尔罕。我深深感到，要了解各种文明的真谛，必须秉持平等、谦虚的态度。如果居高临下对待一种文明，不仅不能参透这种文明的奥妙，而且会与之格格不入。历史和现实都表明，傲慢和偏见是文明交流互鉴的最大障碍。

借鉴和吸收人类文明优秀道德成果，必须秉承正确的态度和科学的方法；要坚持马克思主义的立场、观点、方法，在道德问题上把握好共性和个性、抽象和具体、一般和个别的关系。不同的道德文明体现了各自的生活方式、人生态度、价值信仰和行为方式，但不同民族或国家之间仍然会面临某些共同的问题，形成一些具有共性的道德认识。要坚持以我为主、为我所用，批判继承其他国家的道德成果。不同道德文明的产生、发展和演化，都要依托一定的社会历史条件。在吸取人类优秀道德文明成果的问题上，既要大胆吸收和借鉴人类道德文明的积极成果，又必须掌握鉴别取舍的标准，善于在吸收中消化，把人类文明的优秀道德成果变成自己道德文明体系的组成部分。

三、践行社会主义道德

（一）遵守社会公德

问题导入：大家互动总结一些当代大学生在校园生活中的不文明行为。

1. 现时代的社会公德

社会公德，我们有时也简称公德。其实，公德有广义狭义之分。广义的公德，指除私德之外的所有道德规范和要求。狭义的公德指社会公德，是全体公民在社会交往和公共生活中应该遵循的行为准则，涵盖了人与人、人与社会、人与自然之间的关系，是最起码的社会公共生活道德准则。我们这里讲的社会公德，是狭义上的公德。

在当代中国，社会公德问题是一个十分重要的问题，它涉及我们生活中十分广泛的一个领域：公共生活领域。公共生活超越了私人生活的局限，具有鲜明的开放性和透明性，对他人和社会的影响更为直接和广泛。随着社会生产力水平的不断提高，建立在现代大工业基础之上的生产和交往方式，使得人类交往由个别交往进入普遍交往阶段。进入现代社会，经济全球化更是极大地促进了人们之间的相互联系。20 世纪末以来，信息技术、互联网的迅猛发展正在把地球变成了一个“村”，人类公共生活进入了一个崭新的阶段。公共生活的领域扩展到了无远弗届的地步。

对我们国家来说，自改革开放以来，中国社会生活发生了急剧变化，人们的社会公共生活范围不断扩大，而这一领域，对中国人来说是一个陌生的领域。生活是观念的先导，公共生活概念的缺失和公德意识的淡薄源于生活中公共生活领域的缺失。几千年来，中国人过的是以农业为主的农业社会生活，人们安土重迁，生活范围狭窄有限。这样的生活，使中国几千年来的社会生活形成了熟人社会。在古代中国，人们的社会生活以家族为主，传统社会公共生活领域范围狭小。新中国成立后的“单位大院制”经济形态，也使得人员流动性不大。这种特殊情况使我们国家当前的社会公德建设显得十分迫切。

在社会公德领域，还存在着很多的不道德现象。

我们身边的社会公德方面常见的不道德现象包括：闯红灯、排队加塞，以及公共场所大声喧哗，在建筑物上乱涂乱画，在禁止吸烟场合吸烟等；上述的这些现象，是不文明、不道德的行为。大家是新时代的大学生，是有文化、有修养、有教养的新一代青年，这些现象中有你的身影吗？

2. 社会公德的主要要求

同学们应当自觉培养公德意识，养成遵守社会公德的良好行为习惯。那么，社会公德有哪些主要要求呢？

（1）文明礼貌。我国自古就是一个礼仪之邦。文明礼貌是思想交流的窗口，是沟通感情的桥梁，它反映着一个人的道德修养，体现着一个民族的整体素质。文明礼貌是我们日常生活中与人交往时的微笑，是我们时时刻刻对他人的尊重，是我们的真诚待人，礼貌宽容。

（2）助人为乐。赠人玫瑰，手有余香。每个人都有遇到困难的时候，都有需要他人帮助和关心的时候；我们应当尽力关心和关爱他人，积极参与公益事业，并从中收获实现人生价值的快乐。“只要人人都献出一点爱，世界将变成美好的人间。"

(3) 爱护公物。我们要爱护祖国的大好河山。在建筑物上乱涂乱画是我们"盘点"的不文明行为之一。对社会共同劳动成果的珍惜和爱护，是公民应当承担的社会责任和义务，既显示个人道德修养，也是社会文明水平的重要标志。

(4) 保护环境。生态环境保护功在当代、利在千秋。要像对待生命一样对待生态环境，要倡导简约适度、绿色低碳的生活方式，共同建设美丽中国。每年的国庆节长假过后，天安门广场留下了众多口香糖的痕迹。对此，环卫部门先后设计了三套清洗方案，皆因怕损坏方砖而放弃，最后仍然不得不采用人工铲除的方法。上百环卫工人通常要用整整一个星期才能将口香糖痕迹清除干净。而即使是在游客很少的冬季，天安门广场周围每天也能清理出各类垃圾500多公斤，每天由40名工人进行清理维护。

(5) 遵纪守法。遵纪守法是全体公民必须遵循的基本行为准则，是维护公共生活秩序的重要条件。全面依法治国需要人人遵纪守法，树立规则意识，增强法治观念。一群中国人到国外去旅游，当地的一位朋友接待了他们，按照中国的习俗点了很多菜，以示热情和尊重。临走时剩了非常多，旁边一位当地老太太说：你们不能这么浪费东西！而其中一位中国游客说：我用自己的钱买单，我愿意怎么样就怎么样！老太太说：钱是你的，但资源是大家的，你浪费就不对。老太太选择了报警。最终，警察对他们开出了一张罚款单。

(6) 遵守社会公德，维护公共秩序，每个人都是参与者，都是责任者，也都是受益者。正如恩格斯所说：文明已经教人们懂得"只有维护公共秩序、公共安全、公共利益，才能有自己的利益"①。社会公德，从一定意义上说，就是要爱我们的社会，我们与他人、与社会、与国家和谐相处，守护我们的生活方式，守护我们的伦理规范、价值准则；从一定意义上说，也就是在爱我们的国家。

3. 网络道德

数十年前，当诗人北岛在写下一字诗"网"的时候他想象不到这个字许多年后会对这个国家的社会生活与人们的思维方式、行为习惯产生什么样的改变。由于时代的发展，互联网成为一个社会信息的大平台。网络生活已成为当代人们重要的社会生活领域。特别是进入新时代，全媒体不断发展，出

---

① 马克思，恩格斯．马克思恩格斯全集：第2卷［M］．北京：人民出版社，1957，609.

现了全程媒体、全息媒体、全员媒体、全效媒体，信息无处不在、无所不及、无人不用，使舆论生态、媒体格局、传播方式发生深刻变化。

网络是个大平台，提供了我们需要的很多信息，便利了我们的交流，但也有很多不文明、不健康甚至非法的东西充斥在我们的网络里。中央文明办等部门开展的网络十大不文明行为征集与评选活动结果表明，一些不文明网络现象仍然相当突出，例如传播谣言、散布虚假信息；网络欺诈；网络色情聊天；窥探、传播他人隐私；等等。网络道德是信息网络时代的产物。网络道德是人们对网络持有的意识态度、网上行为规范、评价选择等构成的价值体系，是一种用来正确处理、调节网络社会关系和秩序的准则。网络生活中的道德要求主要有以下几点。

（1）正确使用网络工具。现在，大部分人年轻人越来越主要地依靠网络获取信息、进行交流。但正如有网友总结的：网络上“造谣多于新闻，炒作多于创作；谩骂高于表达，起哄高于交流；‘人肉’代替侦查，舆情代替审判”。互联网信息泛滥，鱼龙混杂，有很多真消息，也有不少假新闻；有些是未经证实的，有些是似是而非的，而有更多的是别有用心的。

大学生要提高信息的获取能力，加强信息的辨识能力，增进信息的应用能力，使网络成为开阔视野、提高能力的重要工具。

（2）加强网络文明自律。当今网络交往中大量存在网络诈骗等现象，陷阱无处不在。除了网络诈骗，还有很多人利用网络进行非法组织、非法活动等。网络拉近了我们与陌生人的距离，但它会弱化我们的现实人际交往能力，导致我们与家人、同学、朋友的交流减少；它还会把虚拟的当作现实的，让我们生活在某种假象或幻象中，从而失去对现实、对真相的辨识能力。习近平总书记指出：互联网突破了课堂、高校、求知的传统边界，对学生的影响越来越大。年轻人几乎无人不网，无日不网，无处不网。意识形态领域许多新情况新问题也往往因网而生，因网而增，许多错误思潮也都以网络为温床生成发酵。网络生活已成为大学生生活不可或缺的部分。

对网络过分迷恋和依赖，也会形成网瘾，影响学业。大学生目前处于特殊的人生成长阶段，处于人生成长“拔节孕穗期”，是世界观、人生观、价值观成型的重要阶段，大多还没有形成稳定的价值判断、是非判断的能力。大家血气方刚，容易冲动，往往会让情绪战胜自己的理智。作为一名具有较高知识水平的知识分子，大学生应具备独立思考能力和批判精神。面对每天都离不开的网络，大学生要自觉培养文明自律的网络行为，合理安排上网，约束上网行为。

（3）营造良好网络道德环境。移动互联网时代的一个显著特点是人人都握"麦克风"，个个都是传播者。享受互联网的自由是大家的权利，遵守相关法律、加强道德自律是我们不可推卸的义务。网络的虚拟性以及行为主体的隐匿性，使道德规范的外在约束力明显降低。大学生应当在网络生活中培养自律精神，做到自律而"不逾矩"，促进网络生活的健康与和谐。

互联网信息传播的一个重要特点是："快餐化"社会事件的流变性传播，形成了"后真相时代"的"市场幻象"。所谓后真相，指的是当舆情爆发时，网络上公众的情感和个人价值比事实更能影响舆论走向。在这样的舆情影响下，即时真相是否是真相已经不重要，人们也不再关注和相信后续的真相与真正的事实，而只是凭借自己的感觉，根据自己的身份、感情和兴趣等因素预设立场、断定是非。一些人不关心事实本身，而更在意他人表达的情绪以及自己的情绪宣泄，更容易受到"标题党"的误导；微信或微博上，各种各样的谣言快速扩散，真相还没有穿上鞋子，谣言已经跑遍了网络。在互联网中，有时候"眼见为实"的景象未必是事实的真相，众口一词的传言往往是需要警惕的谎言。在这样的情况下，广大青年倘若只是"跟着感觉走"，就容易为各种片面的假象所蔽，往往是无心为恶但实际上已在推波助澜、助人下石。

网络群体在接触到来自媒介的信息刺激后，会本能地借助脑海中固有的经验判断，给信息贴上标签，形成以偏概全的固有刻板。传递思想的暗示又形成情绪的感染，乃至达到行为的模仿。实际上，舆情热点的背后渗透着意识形态的操作，严肃话题的泛娱乐化任性表达，也在随意挑战公序良俗的道德底线。因而，匮乏"把关人"的"平权化"传播，极易将具体个案鼓噪为公共事件，把个别问题扩大化、一般问题政治化、单一问题复杂化，也极易使涉世未深、又极富激情的青年学生在舆情的喧嚣与"雾霾"中，失去对事物本质的理性思考和客观辨别。

如果考察和分析当代中国互联网的信息传播现状不难发现，网络上除了主流意识形态话语外，还有诸如民粹主义、涉文主义、新自由主义、普世价值论、历史虚无主义等思潮充斥我们的网络，这些思潮有的借社会底层民众的浅显情感认知而掀起舆论波澜，有的借助各种突发公共事件，在平民化、草根化、非主流化为特征的亚文化语境之下，诉诸"颠覆"和"恶搞"等手法，表现出对峙主流意识、挑战既有权力结构、极化民意权威、激起群体对立的种种思潮。鱼龙混杂的思潮暗流、形色各异的学说流派，都在与主流意识形态争夺着话语权和影响力。这些极端化社会舆情的广泛性传播，影响着主流思想传播的“首因效应”。

正如习近平总书记所说，一张图、一段视频经由全媒体几个小时就能形成爆发式传播，对舆论造成很大影响。如曾经发生的长生假疫苗案，短期内引起网络沸腾，然而也有不少人借机散布一些不实言论：有人散布长生疫苗负责人高俊芳为吉林省省委原书记的女儿；有人将长生疫苗案件的关注点引向其他厂商；等等。这些事件警示我们，作为一名大学生，作为一名知识分子，应理性思考，面对海量信息，要学会进行逻辑思考与分析，学会辨析信息的来源与真实性，学会搞不清的时候要慎言慎行。

提倡网络道德，要从我们自己做起，在网上与别人发生冲突时，少一些冲动，多一些忍让，少一些急躁，多一分耐心，少一些恶意猜测，多一些理解；在网上与别人交谈时，少一些不文明用语。遇到一些言论要理性思考，辨别真假。

（二）恪守职业道德

互动：大家对未来职业生活的憧憬和期望？

思考职业生活对我们的要求，比如技能方面的要求，道德方面的要求，等等。大家今天在这里学习，就是为将来通过从事一份职业、进行辛苦劳动，获得人生幸福。这个准备和学习，既包括能力方面的准备，也包括思想方面的准备，职业道德等方面的准备，包括学习职业道德规范，提高职业道德意识，提高践行职业道德的能力。那么，职业生活中的基本道德规范有哪些呢？

1. 爱岗敬业

爱岗敬业就是要干一行爱一行，爱一行钻一行，精益求精，尽职责职。国务院总理李克强在 2016 年政府工作报告中指出：鼓励企业开展个性化定制、柔性化生产，培育精益求精的工匠精神，增品种、提品质、创品牌。“工匠精神”出现在政府工作报告中，让人耳目一新，有媒体将其列入“十大新词”予以解读。古语云：“玉不琢，不成器。”工匠精神蕴含着精益求精、严谨、一丝不苟、耐心、专注、坚持、专业、敬业等要求；用心做一件事情，这种行为来自内心的热爱，源于灵魂的本真，不图名不为利，只是单纯地想把一件事情做到极致。

图片说明：2018 年青岛上合峰会期间，网络刷屏的顺丰快递。

2018年青岛上合峰会期间，由于安全保卫的需要，青岛地区的快递三轮被禁止上路，大部分快递公司开启休假模式，而顺丰却开启了青岛五区徒步送货模式。近年来，顺丰快递不仅收获了较好的利润回报，而且获得了很高的社会评价。其成功的秘诀在于他们对于所从事的工作会尽心、用心地做好。有些时候，你难，其实别人也难。老天是公平的，天天谈成功谈理想，不如动手解决眼下的难题，逢山开路，遇水架桥，办法总比困难多，把工作做到极致，就会收获那份属于你的荣耀。

2. 诚实守信

诚实守信在我国的思想道德建设中具有特殊重要的作用，它既是中华民族的传统美德，也是我国公民道德建设的重点，还是社会主义核心价值观的一条重要准则。诚实就是真实无欺，守信就是要重诺言，讲信誉，守信用。

有人编过这样一个段子：厨师老张看完关于假疫苗的新闻报道后狠狠地骂道："这些人都该判死刑！"放下手机，他心安理得地舀了一大勺地沟油下锅，准备炸油条并开始一天的生意。

1999年，美国一家商业情报公司向在中国投资的葛雷森医药公司提交了一份清单。清单上有三家葛雷森医药公司的中国代理商或合作者，他们在当年中央电视台抗洪赈灾募捐晚会上举牌应募，但事后却并未捐款。情报公司建议葛雷森医药公司取消这些中国企业的代理权，有合作协议的应在一年内设法终止。面对这一问题"是否小题大做"的质疑，情报公司说：或许政府不会干预和制裁这些举牌承诺但不捐赠的企业，可中国人会对这些企业失去信心，他们，尤其是受灾的人们会远离这些企业。这家情报公司对于失信的敬畏是值得敬佩的。但遗憾的是，像这样对于信用的敬畏却并没有成为人们的共识。在过去的岁月里，中国企业经历了太多的从神话到噩梦的轮回，不少鼎盛一时的巨型企业往往在转瞬间轰然瓦解。信息时代其实是一个传递信用的时代，而在信用问题上缺乏道德感，缺乏对规律和规则的尊重与敬畏，是许多企业家共同的"失败基因"。

3. 办事公道

就是要求从业人员做到公平，公正，不损公肥私，不以权谋私，不假公济私。公道、公正是几千年来人们所称道的职业道德。人是有尊严的，人们都希望自己与别人一样受到同等对待，企盼在法律面前人人平等，所谓"王子犯法与庶民同罪"。人们一直歌颂那些秉公办事、不徇私情的清官明主。近年来查处的很多官员贪腐的案子，他们的一个重要共同点就是：为了谋取个人私利，违规给他人交易提供便利、提供好处，甚至有些造成了巨额国有或公共资产的流失。

4. 服务群众

王顺友是四川省凉山州木里县的乡邮员。2005 年前后，他先后被授予四川省优秀共产党员、全国邮政系统劳动模范、全国劳动模范等称号。他一个人，牵着一匹马，面对群山沟壑、深水险滩，在一条长达 584 公里的邮路上走了 20 年。路上，除了吆喝骡子的声音外，就只剩下马铃声；在邮路上吼一段山歌，成为他驱赶寂寞和恐惧的最好武器。乡亲们都称王顺友为“王胆大”，因为他一个人敢走这条充满危险和艰辛的邮路，因为他敢在有泥石流危险的情况下走这条邮路，因为他敢在下雪的时候翻越海拔 4 190 米的察尔瓦梁子。服务群众的人，人民会永远记住他。

5. 奉献社会

奉献社会是社会主义职业道德中的最高层次要求。平凡的岗位也能做出不平凡的贡献。10 秒钟不过弹指一瞬，而在突发事故面前，宁夏客车司机撒东红用生命的最后 10 秒钟挽救了 19 位乘客的生命。

2018 年 10 月 18 日中午 12 时 41 分，撒东红驾驶的客车行驶至福银高速公路甘肃省平凉市泾川县境内时，一块钢板突然迎面飞来，砸中撒东红的胸部，导致其心脏严重受伤。当时他所驾驶的大客车夹在两辆大货车中间且位于转弯处，稍有不慎便会成为一起连环事故。危急时刻，撒东红打双闪、拉手刹、打开车门、疏散乘客，教科书般的应急处理不仅展现了他过硬的驾驶技术，更说明了他良好的心理素质，体现出了他优秀的职业素养。他不仅挽救了车上 19 名乘客的生命，而且避免了更大的交通事故。

以上是一切从业人员都应遵守的基本职业原则，是一般性要求；同时，根据不同的职业，还会有与职业特点相关的具体道德行为准则，这些都是我们应该遵守的。

（三）弘扬家庭美德

家庭美德和职业道德不一样的地方在于，家庭是我们一生都会生活于其中的社会组织，我们从出生开始就伊始接受家庭教育和家庭美德的熏陶了。

正如习近平总书记指出的：“家庭是人生的第一个课堂，父母是孩子的第一任老师。孩子们从牙牙学语起就开始接受家教，有什么样的家教，就有什么样的人。家庭教育涉及很多方面，但最重要的是品德教育，是如何做人的教育。”①

我们在家庭长辈的言传身教之中，会不经意间学会很多为人处世之道，日用而不觉。这种家庭美德所涉及的主要家庭成员之间的关系以爱情、亲情为基础，以相亲相爱、和睦共生为追求，而不是以个人功利为目的，具有鲜明的超功利性，是我们一生最珍贵、最值得我们珍惜和守护的财富。优秀的潜移默化的家庭教育，会使我们每个人具备优秀的道德素质，懂得很多人生的道理。这些道理可能不是什么大道理，但却是影响我们一生的规范准则。我们每个人都有责任把这种美好的道德传承下去。同学们将来要组建自己的家庭，应该有更大的担当和使命，把过去自己受动的、日用而不觉的美好道德——家庭美德以及人世间一切美好的道德——积极地、主动地、自觉地传递下去。那么这些美德有哪些呢？

1. 尽孝

《说文解字》上说：“孝，善事父母者。”人应有很多高尚的品德，但百善孝为先，孝是最根本的。父母生养我们十分不易，从十月怀胎，到分娩阵痛，到把我们抚养成人，“你入学的新书包有人给你拿，你雨中的花折伞有人给你打……”就这样，读完小学上中学，读完中学上大学。父母的关爱一路伴随我们成长，直到我们立业、成家、生子，有了自己的生活。父母默默付出，驼了背、弯了腰、白了头，从来不图回报。我们应该懂得这些不易，应该对父母心存感激，应该努力成长为对国家对社会有用的人，以此回报父母。

《孝经》上说：“爱亲者不敢恶于人，敬亲者不敢慢于人。”意思是说人们能够孝亲爱亲，具有了这种品格，就会将其延伸到我们的日常生活之中去。所以《论语》说：“孝悌也者，其为仁之本欤。”

《中庸》上说，“夫孝者，善继人之志，善述人之事者也”，即要善于继承父母的志向，善于传述他们的事迹。《孝经》上说：“身体发肤，受之父母，不敢毁伤，孝之始也。立身行道，扬名于后世，以显父母，孝之终也。夫孝，始于事亲，中于事君，终于立身。”在日常生活中，我们对父母应经常问候，与父母久别要经常和他们联系，不只是让他们关心我们，我们也要关心他们。

这里有一道题请你如实回答。有心的同学可以把答案写在纸上寄给妈妈评分。答对 6 题以下的请你以后多与妈妈沟通。

你是否了解你妈妈？

---

① 习近平．习近平谈治国理政（第 2 卷）［M］．北京：外交出版社，2017.

（1）你妈妈的生日是________；

（2）你妈妈的体重是________；

（3）你妈妈的身高是________；

（4）你妈妈穿________码鞋；

（5）你妈妈喜欢的颜色是________；

（6）你妈妈喜欢的水果是________；

（7）你妈妈喜欢的花是________；

（8）你妈妈喜欢的日常消遣活动是________。

2. 感恩

我们两手空空来到人世间，到现在长大成人，我们的成长，离不开很多人对我们的帮助。这些帮助，有些是我们看见了的，还有很多是我们不用心感觉不到、体会不到的。

牺牲在2019年4月初四川木里火灾中的31位救火英雄中，包括1位“80后”，24位“90后”，2位“00后”。“哪有什么岁月静好，只不过是有人在替你负重前行。”我们今天坐在宽敞明亮的教室里学习，大家看得到的有老师的辛勤备课，有供水供电打扫卫生这样的后勤保障，还有守护学校正常教学秩序的各类安全保障；往更远更大处说，还有我们今天这个和谐安宁的时代。试想，我们如果回到100年前，回到战乱频仍的年代，“偌大的华北放不下一张安静的书桌”！大家还能这样宁静地、心无旁骛地学习环境吗？感恩，是一种品德；感恩，是发自内心的对别人的感激；感恩，是做人基本的礼貌；感恩，是人生最大的学问。

3. 自立

我们生长于这个世上，最终必将组建一个属于自己的家庭，拥有一份属于自己的事业和工作。自立是我们每个人的责任、使命和担当。歌德曾经说过，我们虽可以靠父母和亲戚的庇护而成长，依赖兄弟和好友，借交游的扶助，因爱人而得到幸福，但是无论怎样，归根结底人类还是依赖自己。如果说自立是我们最终的必然命运的话，我们应该积极主动地走好自立之路，而不是被命运拖着走、被现实逼着走。陶行知先生鼓励大家说：滴自己的汗，吃自己的饭，自己的事情自己干。靠人、靠天、靠祖上，不算是好汉。卡耐基也说：为了成功地生活，少年人必须学习自立，铲除埋伏各处的障碍，在家庭要教养他，使他具有为人所认可的独立人格。

尽孝、感恩、自立等，这些只是我们家庭美德的一小部分，相关的美德还有很多很多，如忠诚、担当、包容等。这些无论是我们个人成长还是走上社会都终生受用的美德。习近平总书记在会见第一届全国文明家庭代表时指出：作为父母和家长，应该把美好的道德观念从小就传递给孩子，引导他们有做人的气节和骨气，帮助他们形成美好心灵，促使他们健康成长，长大后成为对国家和人民有用的人。

（四）锤炼个人品德

习近平总书记指出：道德建设，重要的是激发人们形成善良的道德意愿、道德情感，培育正确的道德判断和道德责任，提高道德实践能力尤其是自觉践行能力。

无论是社会公德，还是职业道德和家庭美德，最终都以每个人的个人品德为基础。同学们应当努力提升个人品德。个人品德是通过道德教育和个人自觉的道德修养所形成的稳定的心理状态和行为习惯，它表现为个体对某种道德要求的强烈认同，对道德情感的充分表达，对社会道德规范的执着践履。它是道德认知、道德情感、道德意志、道德信念和道德行为的内在统一。个人高尚品德的养成，主要途径是道德教育和个人自主的道德修养。

道德教育相对而言是外在的，是人的高尚品德养成的外因，要通过个人的自觉接受和遵从才能起作用。所以，高尚品德养成的关键在于增进道德认同，增强道德认知、道德情感和道德意志，形成对道德的坚定信念并积极践履，做到知行合一。习近平总书记强调：道德建设，重要的是激发人们形成善良的道德意愿、道德情感，培育正确的道德判断和道德责任，提高道德实践能力尤其是自觉践行能力。马克思也指出：道德的基础在于人类精神的自律。由此可见，道德要在人心中生根并发挥积极作用，在于每个道德主体对道德的知、情、意的统一，形成对道德的信念。

道德建设要形成正确的道德认知和道德判断。道德是人类社会生产实践和交往实践的产物，不同的民族、不同的文化、不同的社会发展阶段里，道德的基本要求具有显著的差异，道德具有历史性、民族性和时代性的特征。在阶级社会里，还具有阶级性。因而，道德是复杂的，作为大学生，应该形成正确的道德认知和道德判断能力，能理性地辨析道德。具体来说，我们要能实事求是地分析我国传统道德和西方资本主义道德的进步性和局限性，尤其要清醒认识当代西方资产阶级道德观念的不合理性；要理解我国当前道德所具有的历史优越性和时代进步性；要善于明辨是非、善恶、美丑，善于做出选择。对此，习近平总书记也指出，青年面临的选择很多，关键是要以正确的世界观、人生观、价值观来指导自己的选择。掌握了正确的世界观、价值观、人生观，就掌握了这把钥匙。面对世界的深刻复杂变化，大学生应注重增强道德判断能力，学会理性辨析道德，形成正确的道德认知和道德观念。

道德建设要激发正向的道德认同和道德情感，把道德变成人的情感需求，实现道德的内化。道德认同和道德情感的产生，是道德由外在他律向内在自律转化的重要环节。正是这种道德认同和道德情感，使人不是出于功利而被动地服从道德要求，而是对道德生活具有真切的感悟与体验，并由此产生义务感、荣辱感和高尚的道德情怀。

列宁说过：没有“人类的情感”，就从来没有也不可能有人类对于真理的追求。这里，列宁明确地强调了情感与人们认知的关系，即情感推动人类的认识找到真理。习近平总书记在全国教育大会讲话中，也提出了“以情感人、以情育人、以情化人”的“三情说”。的确，作为人类认知的催化剂、意志的固化剂和行为的强化剂，情绪与情感始终都是让认知转化为认同、将意志凝聚为毅力、将行为升华为修为的重要纽带。

道德建设要强化坚定的道德意志和道德信念。道德意志是人们的道德心理向在外的行为转化的重要环节。在现实生活中，人们总是会遇到种种困惑和干扰，面临各种诱惑和冲突，现实中，幸福和道德并不总是一致的。道德意志就是人们按照道德要求进行道德选择，付诸行动，并通过调节行为来克服困难、达到目的的能力，道德意志是履行道德义务过程中所表现出来的决心和毅力，更是对于道德价值的坚定信念和执着追求。

正是有了坚定的道德意志，我们才能对所信守的道德始终如一，才能在道德冲突中作出正确的抉择，才能在种种诱惑中不动如山，坚守道德，奉行道德，持之以恒，从而成就高尚的道德品格。当代雷锋郭明义，由于父母的言传身教、社会环境的良好影响、部队里浓郁的学雷锋氛围，他做出了走雷锋道路的人生选择。郭明义说：能够沿着雷锋走过的道路成长，让我真切地感受到，什么是人生的幸福滋味。正是这样的认识，这样真挚的情感，形成了他坚定的意志和行动，经受了市场经济和社会环境变化的考验，先后被评为改革先锋、全国道德模范、中国好人。他还团结、影响了带动了越来越多的人。现在郭明义爱心团队的志愿者已经超过 180 万人，他们每天在祖国的各个角落，不断书写着新时代的雷锋故事。

习近平总书记在和北京大学师生座谈时引用了《大学》上的一句话：大

学之道，在明明德，在亲民，在止于至善。这是我们应追求的最高的境界。所谓"明明德"指的是彰显光明美好的德行；而"亲民"指的是要将这种光明、美好的德行推及到民众身上去；革除蒙昧，开发民智，然后共同达到道德修养的最高境界，也就是"止于至善"。从善如登，积善成德。道德的养成贵在坚持。毛泽东同志说过：一个人做点好事并不难，难的是一辈子做好事，不做坏事。要成为道德高尚的人，应当始终牢记道德的养成永远在路上，要始终从现在做起，从自己做起。道德的养成不是一朝一夕的事情，它是日积月累的结果。"勿以恶小而为之，勿以善小而不为。"

典型案例：

清康熙年间，大学士张英在老家安徽桐城的官邸与吴家为邻，两家院落之间有一条巷子。后来，吴家建新房时想要占用这条巷子，遭到张家人的反对。双方争执不下，于是张家人给张英写了一封加急信。为此，张英在回信中写道："千里家书只为墙，让他三尺又何妨？长城万里今犹存，不见当年秦始皇。"张家人阅罢倍感羞愧，主动让出三尺空地。吴家见状，深受感动，也主动让出三尺。"六尺巷"（仁义巷）由此得名。

清康熙时，文华殿大学士冯溥私人花园"冯府"在青州首屈一指，冯府的北面住着一户房姓人家，两家族人为修房子起了争执，相持不下。冯家族人向冯溥求助，冯溥回信赋诗道："千里修书只为墙，让他三尺又何妨？万里长城今犹在，不见当年秦始皇。"告诫要礼让邻居，和睦相处。冯氏族人拆墙向南退了三尺。房姓主人房可壮知道了这件事，让族人拆墙向北退了三尺，形成一条六尺巷，青州人叫作"夥巷"。

明朝时，安阳出了一个"正部级"高官郭朴。某年，郭家邻居想改善一下生活条件并扩建自己的宅子，可能由于过于草率，结果占了老郭家一墙之地，郭家人气不过，便过去理论，邻居也寸步不让，两家都是名门望族，地方官员不敢插手。于是，郭家派人去京城给郭朴汇报了一下情况，郭朴思忖片刻，写了一封回信，让人带了回去，信是这样写的："千里修书只为墙，让他三尺又何妨？万里长城今犹在，不见当年秦始皇。"郭家人感觉很有道理，便又从自家院子让了三尺供邻居修建住房，邻居不好意思了，也往后退了三尺，这就凭空出现了一个六尺的小巷。后来，人们为了感念郭朴大度、礼让邻里的品行，便给这条小巷取名叫仁义巷。

案例分析：

中华传统美德是中华文化的精髓，也是新时代道德建设的不竭源泉。大学生要以礼敬、自豪的态度对待中华优秀传统文化，充分发掘中国历史中的丰厚道德资源，同时结合新的时代条件和实践要求继承创新，充分彰显其时代价值和永恒魅力，使之与现代文化、现实生活相融相通，成为新时代大学生精神生活、道德实践的鲜明标识。

首先，要礼敬、自豪中华传统美德。中华传统美德是指在中华民族历史上存在过的、在今天仍有强大生命力的优秀道德规范、行为规范的总和。大学生要从文化自信的高度认识中华传统美德的时代价值，从内心深处真正认可，从情感深处真正接受，从行动上真正践行，用蕴含其中的精华滋养当代中国人的道德世界，守护当代中国人的精神家园。

中华传统美德积淀在中华民族的民族精神中。中华民族在长期的社会生活实践中培育和形成了独特的思想理念和道德规范，有崇仁爱、重民本、守诚信、讲辩证、尚和合、求大同的思想，有自强不息、敬业乐群、扶正扬善、扶危济困、见义勇为、孝老爱亲的传统美德。这些观念和规范是传统社会精神生活的标志，体现着传统中国人评判是非曲直的价值标准，也潜移默化地影响着世代中国人的行为方式。中华传统美德形成了以爱国主义为核心的团结统一、爱好和平、勤劳勇敢、自强不息的民族精神。

其次，要转化与发展传统美德。传统美德必须与现代社会相协调，与今天现实生活的需要相结合，要突出中华传统美德的时代价值，做到“创造性转化”与“创新性发展”。新时代大学生要以自觉、积极、主动的文化实践，对重要的传统道德文化典籍加以研究。深入挖掘古代浩瀚书卷中有价值的文本，尤其是蕴含其中的思想观念、经典话语、道德理论、榜样模范，揭示其本来意义、引申意义及历史传承；同时，应当探讨一些历史资料的新时代意义；要对古人传统、艰深的语句意义，作出科学规范的解释和阐明，赋予、彰显其时代价值；要去除那些望文生义的曲解和误读，并使之向当代社会开放。

最后，要讲好中华传统美德故事。中华美德、中国精神、中国故事需要好的讲述方式，要以人们喜闻乐见的方式为载体，在学理上、逻辑上、实践上不断创新、丰富中华传统美德的新表述。很多中国传统道德之所以流传至今，很重要的一个原因就是采用通俗易懂的故事形式。讲好中华传统美德故事，不仅要创新形式，同时也要赋予其新的符合现代审美的标准。“中华好家风”是一档以弘扬优秀家风为核心的道德建设类文化秀节目，该节目通过讲述一段段精彩的家风故事，弘扬中华优秀传统文化，展现中国家庭家风的文化情感，体现一代代传承不息的精神坚守。“中华好故事”节目通过“爱国励志”、“道德礼仪”和“民俗亲情”等主题，利用知识竞赛、名人出题、故事演绎、知名校友助阵等现代形式传承中华传统美德，深受受众欢迎。“经典咏流传”栏目把经典的诗歌与现代音乐相结合，重回诗歌起源，也让诗歌回归生活，利用诗歌进行传统经典教育与道德教育。前文仁义巷的故事在各个朝代都有流传，也正是验证了这种中华传统美德故事的生命力。

教学小结

专题总结：

本专题围绕社会主义道德的理论和实践问题展开，目的是帮助学生树立正确的道德观，自觉践行社会主义道德。掌握和理解道德的一般理论，特别是道德的本质和起源问题，这是我们理解社会主义道德相关问题的源和流。道德的本质和起源问题是道德的一般理论，社会主义道德的核心和原则则是道德一般理论在社会主义制度和条件下的具体展开。

弘扬社会主义道德，推进新时代公民道德建设，必须坚持马克思主义道德观，充分吸收借鉴各种优秀道德成果。这些优秀道德成果，既包括中华传统美德，也包括革命道德，还包括人类其他文明的优秀道德成果。我们要善用马克思主义的立场观点和方法，科学地分析，合理大胆地借鉴。

道德是一种实践精神，它以指导人们的行为为目的，以形成人们正确的行为方式为内容。本专题主要探讨了实践社会主义道德的三大领域，即社会公共生活领域、职业生活领域和家庭生活领域的道德规范和要求，以及与之相适应的个人品德的养成。这是道德理论落实到具体生活实践之中的具体规范和要求。道德是一种改造世界的强大力量，体现在道德的具体实践之中。

学习思考：

【教学效果】

通过学习和探讨，有助于学生对道德这一日常生活和学习中常见的概念有较为深刻的理性认识，能够比较科学地使用道德概念、分析道德现象并解决现实问题。学生对传统美德、革命道德有了更深刻的认识，特别是学会了分析、借鉴传统道德中的优秀精华，掌握了对传统美德的当代价值进行分析和思考的方法。学生对社会公德、职业道德和家庭美德的相关有求有了比较全面的认识，加深了认同和实践能力。

【教学经验】

对一些道德理论，同学们有较大的兴趣，期望能讲得更具体一些，内容更丰富一些。对于为人民服务和集体主义，同学们想法挺多，可以展开辩论，有助于澄清一些观点和认识。可以结合具体案例对传统美德和革命道德进行阐述，以激起学生的认同和共鸣。在教学中讲述一些具体的案例或事例，和同学进行有针对性的探讨，激发学生对美好道德要求的正面认同，以及对错误道德言行的批判抵制。这些对于学生实践社会主义道德具有积极的意义。

【改进措施】

如课时许可，对为人民服务和集体主义这两个十分现实而具体的道德问题可以进一步展开讨论，针对讨论中的问题进行有针对性的讲解。针对社会上正在发生的、大家有一定了解、比较感兴趣的具体案例和事例开展深入讨论，效果会更好一些。案例选择应当更精炼一些。

阅读文献：

[1] 刘少奇．论共产党员的修养［M］//刘少奇．刘少奇选集：上卷．北京：人民出版社，1981.

[2] 毛泽东．为人民服务［M］//毛泽东．毛泽东选集：第3卷．北京：人民出版社，1991.

[3] 马克思．青年在选择职业时的考虑［M］//马克思．马克思恩格斯全集：第1卷．北京：人民出版社，1995.

［4］习近平．注重家庭，注重家教，注重家风［M］//习近平．习近平谈治国理政：第2卷．北京：外文出版社，2017.

［5］吕章申．复兴之路展品100个故事［M］. 北京：北京时代华文书局，2017.

（执笔人：吴西亮　常婧超）

专题七　学习法治思想　提升法治素养

教学简况

课时安排：

6课时。

教学目标：

思想目标。使大学生认同社会主义法治道路，树立社会主义法治的价值观，理解党的领导是中国特色社会主义法治之魂，是推进全面依法治国的根本保证。必须坚持习近平法治思想在全面依法治国中的指导地位，把习近平法治思想贯彻落实到全面依法治国各方面和全过程，更好转化为全面建设社会主义法治国家的生动实践。

知识目标。通过知识点的层层剖析，使大学生能正确理解全面依法治国的基本格局、法制和法治的区别，充分认识中国特色社会主义法治道路与我国古代法治及西方法治道路的区别；坚持中国共产党的领导，坚持人民主体地位，坚持法律面前人人平等，坚持依法治国与以德治国相结合，坚持从中国实际出发。通过学习，使大学生加强对中国特色社会主义法治道路的理论认同与道路自信。

能力目标。通过案例分析、课堂讨论、师生互动等教学环节，帮助大学生进一步深化对法治理念、法治原则、重要法律概念的认识与理解，基本掌握公民常用法律知识，具备以法治思维和法治方式维护自身权利、参与社会公共事务、化解矛盾纠纷的能力，牢固树立法治观念，认识全面依法治国的重大意义，坚定走中国特色社会主义法治道路的理想和信念。

教学重点：

中国特色社会主义法律体系；宪法是我国的根本大法；宪法修正案的介绍；中国特色社会主义法治体系；依法治国与以德治国；法治思维；权利义务的关系及其内容。

教学难点：

法律体系的构成；法律运行；法制和法治的区别；宪法修正案把法制修改为法治，联系现在的发展状况分析其原因；如何培养学生的法治思维。

教学过程

一、社会主义法律的特征和运行

【问题导入】

用我国历史上第一部字书，即东汉人许慎著的《说文解字》中对“法”和“律”的解释导入教学。

法律是一种古老的社会现象，无论是在西方还是在中国社会，它都长期伴随着我们。比如，西方学者评价西方的政治制度史时认为，西方的政治制度史就是一部法律史。在漫长的文明演进中，法律作为维护公平正义的重要手段，发挥着特殊的社会作用。

（一）法律及其历史发展

法律是由国家制定或认可并依靠国家强制力保证实施的，反映由特定社会物质生活条件所决定的统治阶级意志，规定权利和义务，以确认、保护和发展有利于统治阶级的社会关系和社会秩序为目的的行为规范体系。

从这个定义，可以概括出法律的基本特征。

第一个特征，法是调整人们重要的社会关系的一种行为规范。在法学上，调整社会关系的行为规范称之为社会规范。社会规范除了法以外，还包括道德、宗教、习惯、政策、纪律、章程等；

第二个特征，法是由国家制定或认可的行为规范，也就是法具有“国家意志”的形式。国家创制法有两种方式，一个是制定，一个是认可。国家制定的法，通称为成文法或制定法。国家机关认可的法一般指习惯法。法由不同国家机关制定或认可，因而就有了宪法、法律、行政法规、地方性法规之分；

第三个特征，法是由国家强制力保证实施的行为规范。国家强制力是指军队、警察、法庭、监狱等机构利用国家强制力保证法的实施，依法进行活动并受法律约束。对任何社会的法来说，不可能指望全体社会成员都会严格遵守法律，因此，法必须由国家强制力保证其实施，也即对违法行为实行不同形式的法律制裁；

第四个特征，法是规定人们权利义务的社会规范。强调权利义务的一致性，强调权利义务的对等。其他的行为规范虽然也有权利义务的规定，但他们不像法律规范那样是由国家确认和保障的。道德、宗教等规范，一般仅规定义务而不规定权利。

法律有广义和狭义之分。就我国现在的法律而论，广义的法律指法律的整体，它包括作为根本法的宪法、全国人大及其常委会制定的法律、国务院制定的行政法规、某些地方性国家机关制定的地方性法规等。狭义的法律仅指全国人大和人大常委会所制定的法律。

在漫长的文明演进中，法律作为维护公平正义的重要手段，发挥着特殊的社会作用。法律并不是从来就有的，它只是阶级社会特有的现象，随着私有制、阶级和国家的产生而产生，也将随着私有制、阶级和国家的消亡而消亡。法律作为上层建筑的重要组成部分，其基本内容和性质总是与所在社会的生产关系相适应的。奴隶制法律、封建制法律、资本主义法律都是建立在私有制经济基础上的剥削阶级类型法律，而社会主义法律则是以公有制为基础的新型法律制度。

（二）我国社会主义法律的本质特征

我国社会主义法律，在中国共产党领导的新民主主义革命时期开始孕育，在社会主义制度建立后逐步确立，并在社会主义建设和改革中不断发展。我国社会主义法律是中国特色社会主义制度的重要组成部分，是我国广大人民根本利益和共同意志的集中体现，是党领导人民当家作主的制度保障。在当前的历史条件下，中国共产党的领导是中国特色社会主义最本质特征，党领导人民制定和实施法律，因此，党的主张和人民意志的共同体现就成为对中国特色社会主义法律本质的概括。

案例分析：婚姻法的修改适应时代发展要求，立法质量和水平不断提高。

（三）我国社会主义法律的运行

法律的运行是一个从创制、实施到实现的过程。这个过程主要包括法律制定（立法）、法律执行（执法）、法律适用（司法）、法律遵守（守法）等环节。法律制定是国家对权利和义务，即社会利益和负担进行的权威性分配；法律的遵守、执行、适用则是把法律规范转化为法律实践，把法定的权利和义务转化为现实的权利和义务，把文本上的法律转化为现实中的法律。

1. 法律制定

法律制定是指有立法权的国家机关，依照法定职权和程序制定规范性法律文件的活动，这也是法律运行的起始性和关键性环节。立法活动是国家机关的专有活动，其他的社会组织、群众团体无权进行这项活动。但是，在我们国家也有两类机关不能立法：一类是人民法院或人民检察院，它们也做出一些规定，也会进行司法解释，但是不能立法；另一类是最基层的乡镇政权机关，它们也不能进行立法活动。虽然乡镇政权机关也可以制定规范性文件，并在他们管辖范围里也要执行，但是其不具有法律效力。立法活动必须遵循法定程序。就全国人民代表大会的立法程序而言，大体包括法律案的提出、法律案的审议、法律案的表决和法律的公布四个环节（短视频展示《中华人民共和国民法典》立法工作）。

2. 法律执行

在广义上，法律执行是指国家机关及其公职人员，在国家和公共事务管理中依照法定职权和程序，贯彻和实施法律的活动。在狭义上，法律执行则是指国家行政机关执行法律的活动，也被称为行政执法。行政执法是法律实施和实现的重要环节，必须坚持合法性、合理性、信赖保护、效率等基本原则。行政执法是法律实施和实现的重要环节。我国大部分的法律法规都是由行政机关执行的，行政执法的主体通常是国家行政机关及其公职人员。

3. 法律适用

法律适用是指国家司法机关及其公职人员依照法定职权和程序适用法律

处理案件的专门活动。在我国，司法机关是指国家审判机关和检察机关。司法一个复杂的过程，其目的在于把抽象的法律规范正确地适用于具体案件，实现法律的社会价值和作用。由于司法在整个法律实施活动中居于举足轻重的地位，必须对其提出严格的要求。在中国，司法实践中对司法的基本要求是“正确、合法、及时”。要达到“正确、合法、及时”这三项基本要求，司法活动还必须遵守以下几项基本原则：司法公正；公民在法律面前一律平等；以事实为依据，以法律为准绳；司法机关依法独立公正行使司法权等。

4. 法律遵守

法律遵守是指国家机关、社会组织和公民个人依照法律规定行使权力和权利以及履行职责和义务的活动。人们通常把守法仅仅理解为履行法律义务。其实，守法意味着一切组织和个人严格依法办事的活动和状态。依法办事，就是依法享有并行使权利、依法承担并履行义务。守法是法律实施和实现的基本途径。一切组织和个人都必须遵守宪法和法律，任何公民享有宪法和法律规定的权利，同时必须履行宪法和法律规定的义务。

习语金句：小智治事，中智治人，大智立法。治理一个国家、一个社会，关键是要立规矩、讲规矩、守规矩。法律是治国理政最大最重要的规矩。

二、以宪法为核心的中国特色社会主义法律体系

【问题导入】

宪法作为国家的根本大法，是一切法律的基础，法治的规律都体现于宪法之中。但是宪法及其理论并不是我们想象得那样望尘莫及、高不可攀，它就像水一般流淌在与我们息息相关的日常生活中，和我们每个人都有着莫大的关系。

“宪法”一词，来源于拉丁文，它的英文形态是 constitution，本意是组织和确立的意思。在中国最早的词典《尔雅》中，对“宪”字解释为：“宪，法也”。因此，“宪”字本身指法令、制度，“宪法”在中文的含义就有“法律之法”的意思，其中包括对国家制度基本原则的确认，有组织立法的意思。

（一）宪法是国家的根本法

宪法是治国安邦的总章程，是党和人民意志的集中体现，是中国特色社会主义法律体系的核心，在全面依法治国中具有突出地位和重要作用。宪法

集中反映了各种政治力量的实际对比关系，规定了国家的根本任务和根本制度，即社会制度、国家制度的原则，国家政权的组织以及公民的基本权利义务等内容。宪法是国家的根本法，是民主制度化、法律化的基本形式，是阶级力量实际对比关系的集中表现，具有最高的法律效力。因此，宪法不仅是普通法律制定的依据，任何普通法律都不得与宪法的原则和精神相违背，而且宪法是一切国家机关、社会组织和公民的最高行为准则。

我们国家的宪法也经历了一个从制定到修改，到不断完善的一个过程。1954 年，一届全国人大一次会议召开，我们国家有了新中国第一部宪法，史称“五四宪法”。为起草好这部宪法，毛泽东主席曾在杭州西湖湖畔住了 77 天，亲自领导起草了宪法草案。之后，我们有了 1975 年宪法；十年动乱结束之后，很快我们又有了 1978 年宪法。这两个宪法，都具有很大的历史局限性。1978 年 12 月，党的十一届三中全会召开，我们党、我们国家实现了历史性转折，开启了改革开放和社会主义现代化建设的新时期。为适应新时期的需要，1982 年 12 月 4 日，五届全国人大五次会议对宪法做了全面修改，通过了现行宪法，也就是我们经常说的“八二宪法”。

“八二宪法”的全面修改工作，是在邓小平同志亲自领导下进行的。在这里需要跟大家澄清一个问题。我们经常说新中国成立以后，我们有 4 部宪法，即“五四宪法”、“七五宪法”、“七八宪法”和“八二宪法”，但是“五四宪法”制定以后，1975 年、1978 年和 1982 年三部宪法，我们用的都是“全面修改”，而不是“重新制定”。从这个意义上说，新中国的制宪会议只有一届全国人大一次会议那一次，后面的几部宪法都是对前一部宪法的全面修改。因为“五四宪法”所确立的基本原则没有变，中国共产党的领导没有变，我们国家实行社会主义的基本制度没有变。所以我们说“八二宪法”实际上不是重新制定宪法，而是对宪法的修改和继承。

“八二宪法”通过以后，根据我国改革开放和社会主义现代化建设的实践和发展，在党中央的领导下，全国人民代表大会又分别于 1988 年、1993 年、1999 年、2004 年和 2018 年先后五次对宪法作出了部分修改，通过了共计 52 条修正案。

经过五次修正，我国宪法现在共有：序言，总纲，公民的基本权利和义务，国家机构，国旗、国歌、国徽、首都共五部分内容，全文 143 条（短视频展示 2018 年《中华人民共和国宪法修正案》）。

我国宪法实现了党的主张和人民意志的高度统一，确立了中国特色社会主义道路、中国特色社会主义理论体系、中国特色社会主义制度、中国特色社会主义文化的发展成果，反映了我国各族人民的共同意志和根本利益，成为党和国家的指导思想、中心工作、基本原则、重大方针、重要政策在国家法制上的最高体现。宪法至上地位主要体现在其特有的作用、效力和内容等方面。

宪法的基本原则是贯穿宪法规范始终，对宪法的制定、修改、实施、遵守等环节起指导作用的基本准则。我国宪法的基本原则包括党的领导原则、人民主权原则、人权保障原则、法治原则和民主集中制原则。集中反映了规范权力运行、保障公民权利的基本精神，体现了社会主义法治的根本性质。

宪法确定了国体和根本政治制度。我国宪法规定："中华人民共和国是工人阶级领导的、以工农联盟为基础的人民民主专政的社会主义国家。"为了保证人民当家作主，我国宪法规定了人民代表大会制度这项根本政治制度，以中国共产党领导的多党合作和政治协商制度、民族区域自治制度和基层群众自治制度为基本政治制度；规定了社会主义公有制是我国经济制度的基础，全民所有制和劳动群众集体所有制是我国社会主义公有制的两种基本形式。

（二）我国的实体和程序法律部门

法律体系也称部门法体系，是把一个国家现行法律规范分为不同的法律部门并由这些法律部门组成的有机联系的整体。简单说，法律体系就是讲一个国家法要分成很多个部门。而这些部门之间又有机联系，形成一个整体，这个整体就叫法律体系。

这里还涉及法律部门的概念，什么叫法律部门呢？法律部门又叫部门法，是指调整同一种类社会关系的法律规范的总称。划分法律部门的主要标准是法律规范所调整的不同社会关系，同时，法律调整的方法的不同也是划分法律部门的辅助性标准。

在中华人民共和国，中国特色社会主义法律体系以宪法为统帅，以法律为主干，以行政法规、地方性法规为重要组成部分，是由多个法律部门组成的有机统一整体；其中，实体法律部门包括宪法、民法商法、行政法、经济法、社会法、刑法等部门。程序法律部门包括诉讼法与非诉讼程序法。

习语金句：我们讲依宪治国、依宪执政，不是要否定和放弃党的领导，而是要强调党领导人民制定宪法和法律，党领导人民执行宪法和法律，党自身必须在宪法和法律范围内活动。我国宪法以根本法的形式反映了党带领人民进行革命、建设、改革取得的成果，反映了在历史和人民选择中形成的党的领导地位。

三、建设中国特色社会主义法治体系

【问题导入】

课堂以党的十八届四中全会开幕式片头导入教学。

法者，治之端也。法治，就是用法律的准绳去衡量、规范、引导社会生活。一个现代国家，必须是一个法治国家；国家要走向现代化，必须走向法治化。党的十八届四中全会是中国共产党历史上第一次以法治为议题的中央全会。全面推进依法治国，总目标是建设中国特色社会主义法治体系，建设社会主义法治国家。这就是在中国共产党领导下，坚持中国特色社会主义制度，贯彻中国特色社会主义法治理论，形成完备的法律规范体系、高效的法治实施体系、严密的法治监督体系、有力的法治保障体系，形成完善的党内法规体系，坚持依法治国、依法执政、依法行政共同推进，坚持法治国家、法治政府、法治社会一体建设，实现科学立法、严格执法、公正司法、全民守法，促进国家治理体系和治理能力现代化。

（一）科学立法

法律是治国之重器，立法是法治的龙头环节。建设中国特色社会主义法治体系，必须坚持立法先行，发挥立法的引领和推动作用。党的十九大报告中提出"以良法促进发展、保障善治"。良法是善治之前提，建设中国特色社会主义法律体系，必须抓住提高立法质量这个核心。推进科学立法、民主立法、依法立法，是提高立法质量的根本途径。

科学立法以完善以宪法为核心的中国特色社会主义法律体系、加强宪法实施为目标，核心在于尊重和体现客观规律，坚持以问题为导向，主动适应我国社会主要矛盾的深刻变化，完善立法体制机制，既要做好立法之前的可行性论证，也要重视立法之后的评估。

民主立法的核心在于坚持以民为本、立法为民的理念，使每一项立法都符合宪法精神，反映人民的意志，得到人民的拥护。

依法立法要求立法部门必须遵守宪法法律设定的程序和权限进行立法活

动，要求运用法治思维和法治方式，坚持内容合法与程序正当并行，以真正体现“法治就是对权力的限制”。

（二）严格执法

“天下之事，不难于立法，而难于法之必行。”法律的生命力在于实施，法律的权威也在于实施。立法是架设“高压线”，划定“触雷区”，明确“紧箍咒”。执法则是法律实施的“最后一公里”。习近平总书记在中共中央政治局第四次集体学习时指出，全面推进依法治国，必须坚持严格执法。法律的生命力在于实施。如果有了法律而不实施，或者实施不力，搞得有法不依、执法不严、违法不究，那制定再多法律也无济于事。长此以往，势必影响执法机关的公信力，势必动摇人民群众对法律的认同、对法治的信仰。只有坚持有法必依、违法必究、严格执法，做到“法立，有犯而必施；令出，唯行而不返”，法律才能发挥治国重器的作用，才能让贪者近赤，让廉者离墨，全社会才能形成对法律的尊崇和敬畏。

（三）公正司法

公正是法治的生命线，是司法活动最高的价值追求。公正司法是维护社会公平公正的最后一道防线。如果司法的天平倾斜了，那社会正义将无从谈起。司法有没有公正是和腐败的程度联系在一起的，司法腐败的程度越高，这个社会的公正程度就越低。英国哲学家培根曾经说过：“一次不公正的审判，其恶果甚至超过十次犯罪。因为犯罪虽是无视法律——好比污染了水流，而不公正的审判则毁坏法律——好比污染了水源。”理国要道，在于公平公正。全面依法治国，必须紧紧围绕保障和促进社会公平正义来进行。各级司法机关实践中应坚持以事实为根据、以法律为准绳的法治原则，努力确保事实认定符合客观真相、办案结果符合实体公正、办案过程符合程序公正。坚定不移深化司法体制改革，保障司法公正的制度得以完善，促进司法公正的机制得以健全，制约司法公正的因素逐步得以排除，让司法公正越来越成为人民群众具体而又真实的感受（短视频展示陈满案、呼格吉勒图案和聂树斌案等重大冤假错案的平冤昭雪）。

（四）全民守法

法治的真谛，在于全体人民的真诚信仰和忠实践行。民众的法律信仰和法治观念，是依法治国的内在动力，更是法治中国的精神支撑。法律信仰是人们在内心深处对法律的一种情感。这种情感包括认同、信服、尊崇、敬畏等因素，它是对法律意识的升华。树立法治信仰，就是发自内心地尊崇法律、信赖法律、遵守法律和捍卫法律，对宪法法律始终怀有敬畏之心，形成底线思维，牢固确立法律红线不能触碰、法律底线不能逾越的观念。只有每个人都成为法治的忠实崇尚者、自觉遵守者、坚定捍卫者，只有让尊法、信法、守法、用法、护法成为全体人民的共同追求，法治才能成为一种“国家信仰”，法治中国才有最坚强的支撑。

习语金句：国无法不治，民无法不立。法治昌明则国泰民安，法治废弛则国乱民怨。社会主义法治国家是中国近代以来百余年上下求索作出的最终选择。社会主义，确立了人民民主的国家性质；法治，替代了延绵千年的人治传统。两相结合，让富强、民主、文明、和谐成为可能，让国家治理体系和治理能力的现代化成为可能。

四、坚持走中国特色社会主义法治道路

【问题导入】

用纪录片《法治中国》第一集“奉法者强”视频片段导入教学。

道路问题关系全局，决定成败。习近平总书记指出：全面推进依法治国，必须走对路。如果路走错了，南辕北辙了，那再提什么要求和举措也都没有意义了。全会决定有一条贯穿全篇的红线，这就是坚持和拓展中国特色社会主义法治道路。中国特色社会主义法治道路是一个管总的东西。具体讲我国法治建设的成就，大大小小可以列举出十几条、几十条，但归结起来就是开辟了中国特色社会主义法治道路这一条。

中国特色社会主义法治道路，明确了建设社会主义法治国家的性质和方向，是社会主义法治建设成就和经验的集中体现，是中国特色社会主义道路在法治领域的具体体现，是建设社会主义法治国家的正确道路。走中国特色社会主义法治道路，必须坚持中国共产党的领导，坚持人民主体地位，坚持法律面前人人平等，坚持依法治国和以德治国相结合，坚持从中国实际出发。这也是全面依法治国必须坚持的五项原则，决定了中国特色社会主义法治道路的底色。

（一）坚持中国共产党的领导

全面依法治国，必须坚持党的领导。党的领导和社会主义法治是一致的，不存在党大还是法大的问题。两者的关系处理得好，则法治兴、党兴、国家兴。新中国成立以来，在党的领导下，我国社会主义法治事业取得了巨大成就，尤其是党的十八以来，我们在科学立法、严格执法、公正司法、全民守法等领域取得了丰硕成就，开辟了全面依法治国的理论和实践新境界。习近平总书记指出：推进党的领导制度化、法治化，既是加强党的领导的应有之义，也是法治建设的重要任务。为什么我国能保持长期稳定，没有乱？根本的一条就是我们始终坚持共产党领导。党的领导是党和国家事业不断发展的定海神针。

党的领导与社会主义法治是一致的，社会主义法治必须坚持党的领导，党的领导必须依靠社会主义法治（短视频展示党的十八大以来在立法、执法、司法、守法等领域取得的成就）。

（二）坚持人民主体地位

在社会主义法治国家，人民是依法治国的主体和力量源泉，坚持人民主体地位是依法治国的基本原则。必须把人民当家作主贯彻到依法治国的全过程，保证人民的广泛参与。坚持人民主体地位，必须坚持法治建设为了人民、依靠人民、造福人民、保护人民，以保障人民根本权益为出发点和落脚点，保证人民依法享有广泛的权利和自由、承担应尽的义务，维护社会公平正义，为保证人民当家作主提供坚实的法治基础。坚持人民主体地位，不仅是社会主义法治和资本主义法治的根本区别，也是现代法治与古代“法治”的根本区别。先秦法治与现代法治的区别就在于法自君出还是法自民出。坚持人民主体地位，用法治体现人民意志，保障人民权益，将权力关进法律制度的笼子，坚持人民主体地位，是社会主义法治的必然要求。

（三）坚持法律面前人人平等

坚持法律面前人人平等，要求公民不分民族、种族、性别、职业、家庭出身、宗教信仰、教育程度、财产状况、居住期限等，都应当平等享受公民权利、平等履行公民义务。坚持法律面前人人平等，一方面要求违法必究，对一切违反宪法法律的行为都必须予以追究；另一方面要求非歧视，即无差别地对待。只要是正当权益诉求，就应当在法律上得到平等对待；只要是合法权益，就应当依法得到平等保护。法律面前人人平等，是东西方法治国家共用的法治格言。这句格言的潜台词就是反对特权，用法律约束权力，这其实就是法治的题中之义，因此法治的基本属性和理想状态，就是法律面前人人平等。尽管不同时代、不同国家，凡是推崇法治理想的，都曾提出过类似“法律面前人人平等”的政治愿景，但是真正实现的程度却大不相同。如先秦法家是比较早表述“法律面前人人平等”的，提出“行无等级”“行无等差”“王子犯法与庶民同罪”等主张，但事实上有各种各样对贵族阶层犯罪的减免量刑制度。

（四）坚持依法治国和以德治国相结合

法治和德治，对治国理政来讲，如车之两轮或鸟之两翼，忽视其中任何一个，都将难以实现国家的长治久安。只有让法治和德治共同发挥作用，才能使法律与道德相辅相成，法治与德治相得益彰，做到法安天下，德润人心（案例教学——特赦令彰显法安天下，德润人心）。

特赦是国际通行的在遇有重要历史节点时国家对特定罪犯赦免余刑的人道主义制度。我国自唐代起就形成了“盛世赦罪”的历史传统。宪法中对特赦制度作了明确规定。2019 年是新中国成立 70 周年，是“两个一百年”奋斗目标进入历史交汇期的关键之年，是实现中华民族伟大复兴历史进程中的第二个重要节点。在这一重要历史时刻对部分罪犯实行特赦，体现了对中华文明慎刑恤囚、明刑弼教优良传统的继承，推进了法安天下、德润人心的仁政，展示了执政自信和制度自信，树立了新时代盛世伟邦的形象。

唯有“法”才能安天下。法律是底线的道德，也是道德的保障。道德是柔性的自我觉悟，源于人们良心的感召。然而，对于缺少道德自觉的人，对那些伤风败俗的丑恶行为、激起公愤的缺德现象，单靠道德教育、叩问良心已经不够，必须运用法律手段进行治理。唐朝初年之所以出现路不拾遗、夜不闭户的盛世，成功经验即在于运用法律手段解决严重失德问题，不仅仅“道之以德”“齐之以刑”，而且做到了“礼之所去，刑之所取”“失礼则入刑”。当下频频出现的电信诈骗、假冒伪劣等突出问题，应当充分发挥法律的规范与强制作用，以法治的“刚性约束”来督促人们自觉履行法定义务、社会责任和家庭责任，让败德违法者受到法律惩治、付出代价。

唯有“德”才能润人心。人们对法律的认同，根本的是对其蕴含道德价值的认同。只有符合人民道德意愿、符合社会公序良俗，法律才能被人们所信仰、所遵守。因此，无论立法、执法还是司法，都应体现社会主义先进道德的要求，都应把社会主义核心价值观贯穿其中，使社会主义法治成为“良法”“善治”。

（五）坚持从中国实际出发

当前，中国特色社会主义进入新时代，社会主要矛盾已经转化为人民日益增长的美好生活需要和不平衡不充分的发展之间的矛盾。建设法治中国，必须从我国实际出发，完善和发展中国特色社会主义制度，推进国家治理体系和治理能力与现代化相适应，既不能罔顾国情、超越阶段，也不能因循守旧、墨守成规。从我国实际出发，不等于关起门来搞法治。坚持走中国特色社会主义法治道路，必须学习借鉴世界上优秀的法治文明成果；必须坚持以马克思主义法学理论为指导，坚持以我为主、为我所用，合理吸收国外法治理论、法学概念、法律话语、法律方法，不能搞“全盘西化”，不能搞“全面移植”。

习语金句：法律是成文的道德，道德是内心的法律。法律和道德都具有规范社会行为、调节社会关系、维护社会秩序的作用，在国家治理中都有其地位和功能。法安天下，德润人心。法律有效实施有赖于道德支持，道德践行也离不开法律约束。法治和德治不可分离、不可偏废，国家治理需要法律和道德协同发力。

五、培养法治思维

【问题导入】

法，是规范社会的标尺、是稳固事态的准绳，这就是古人对法治的重要认识。但是，并非有了认识就能落实成行为，并非有了规则就能维护住秩序。周幽王“烽火戏诸侯”的历史故事说明，既要用“法制”的准则来确保“法治”的理念，更要靠“法治”的思维来指挥“法制”的执行。

尊法学法守法用法，必须养成良好的法治思维和行为方式，做到在法治之下践行法律，而不是法治之外、更不是法治之上践踏法律。大学生要准确把握法治思维的基本含义和特征，正确理解法治思维的基本内容，逐步培养法治思维，提高运用法治思维分析问题、解决问题的能力。

（一）法治思维及其内涵

法治思维主要指的是以法治价值和法治精神为导向，运用法律原则、法律方法思考和处理问题的思维模式。主要包括以下几层含义：

第一，法治思维以法治价值和法治精神为指导，蕴含着公正、平等、民主、人权等法治理念，是一种正当性思维。比如在土地征用、房屋拆迁、环境保护等问题上，不管具有什么样的利益关系，多少种利益，多少种因素，正当性应当是首要考虑的因素；

第二，法治思维以法律原则和法律规则为依据来指导人们的社会行为，是一种规范性思维。法治思维认为国家的法律是治国理政的基本依据，处理法律问题必须以事实为依据、以法律为准绳；

第三，法治思维以法律手段与法律法方法为依托分析问题、处理问题、解决纠纷，坚持法律面前人人平等原则，具有稳定性和一贯性，是一种可靠的逻辑思维；

第四，法治思维是一种符合规律、尊重事实的科学思维。着重强调“必须使民主制度化、法律化，使这种制度和法律不因领导人的改变而改变，不因领导人的看法和注意力的改变而改变”。

对公民而言，法治思维就是当自己的理想目标、思想感情、行为方式、权利诉求和利益关系等与法律的价值、规则或要求发生冲突时，能够服从法律，作出符合法律的选择，按照法律的指引实施自己的行为。

法治思维的内涵丰富、外延宽广，主要表现为价值取向和规则意识两个方面。价值取向是指如何看待和对待法律，规则意识是指如何用法律看待和对待自身。一般来讲，法治思维主要包括法律至上、权力制约、公平正义、权利保障、正当程序等内容。

1. 法律至上

法律至上是指在国家或社会的所有规范中，法律是地位最高、效力最广、强制力最大的规范。法律至上要求宗教规范、道德规范、团体规范和行业规范等都不得超越法律规范，不得与法律规范相抵触。

2. 权力制约

权力制约是指国家机关的权力必须受到法律的规制和约束。在我国，国家权力是人民的，即一切权力为人民所有；国家权力是为人民服务的，即一切权力为人民所用。因此，只有依法对权力的配置和运行进行有效制约和监督，才能防止权力私用、权力滥用和权力腐败。

3. 公平正义

公平正义是指社会的政治利益、经济利益和其他利益在全体社会成员之间合理、公平分配和占用。一般来讲，公平正义主要包括权利公平、机会公平、规则公平和救济公平。

4. 权利保障

权利保障是指对公民权利的法律保障，具体包括宪法保障、立法保障、行政保护和司法保障。宪法保障是权利保障的前提和基础，立法保障是权利保障的重要条件，行政保护是权利保障的关键环节，司法保障是公民权利保障的最后防线。

5. 正当程序

在法律上做一件事情需要按照一定的程序，只有按照程序做，才能防止主观任性、无序混乱。只有严格按照法律程序办事办案，处理结果才可能公正并具有公信力和权威性（案例教学：电子商务平台购物消费者权利保障：知情权、七日后悔权保护等）。

（二）尊重和维护法律权威

法律权威是指法律在社会生活中的作用力、影响力和公信力，是法律应有的尊严和生命。尊重法律权威是社会主义法治观念和法治思维的核心要求，是建设社会主义法治国家的前提条件。就大学生而言，要在尊重法律权威方面加强砥砺，学习法律知识、参与法律实践，以合法目的为出发点、以法律规范为底线、以权利本位为功能、以公平正义为目的，重事实、讲证据、守规则、讲程序，最终使法治权威成为内心拥护和真诚信仰的目标（案例分析：古希腊著名哲学家苏格拉底提出的“守法即正义”）。

习语金句：公平正义是我们党追求的一个非常崇高的价值，全心全意为人民服务的宗旨决定了我们必须追求公平正义，保护人民权益、伸张正义。全面依法治国，必须紧紧围绕保障和促进社会公平正义来进行。

六、依法行使权利与履行义务

【问题导入】

讲述商鞅“定分止争”的寓言故事，解释现实生活当中人们之所以产生各式各样的纠纷，是因为有着各种各样不同的权利认识、义务纷争，这是产生纠纷的基础。因此，为了解决纠纷，就需要定分，需要明确相应的法律权利和法律义务。

自觉尊法学法守法用法，要落实到依法行使权利与履行义务上。什么是法律权利和法律义务，公民应该如何理解法律权利和法律义务的关系，如何依法行使法律权利和法律义务，以及滥用法律权利和违反法律义务后要承担什么法律责任等，是我们日常生活中经常遇到的法律问题。大学生应依法行使权利和履行义务，妥善处理学习、生活中遇到的法律问题和各种矛盾，这也是提高自己法治素养的途径。

（一）法律权利与法律义务

法律权利，是指在一定社会关系中，法律允许权利主体所拥有的、正当的行为自由与行为控制。权利的产生、发展和实现，都必须以一定的社会经济条件为基础，即“权利绝不能超出社会的经济结构以及由经济结构制约的社会的文化发展”。强调社会的物质生活条件对权利的制约和决定作用，这是马克思主义权利观与其他权利观的根本区别。

法律义务应当与法律权利相对应。所谓法律义务，就是指在一定社会关系中，法律规定义务主体应当根据权利主体的要求而必须进行的行为约束。只有承担义务的人履行法律义务，享有权利的人才能实现自己的合法权益。法律义务的履行表现为两种形式：一种是作为，是指义务人实施积极的行为，比如子女通过经常看望和提供财物等行为履行赡养父母的义务等；另一种是不作为，是指义务人不得实施某种行为，比如未经许可不得公开他人的隐私等。

法律是规定人们权利和义务的行为规范。法律权利和法律义务贯穿法律的全部内容，贯穿法律运行的全部过程。在法治国家里，人与人之间的关系、人与社会之间的关系，都以法律权利和法律义务的相互联系与相互制约为基础。法律的实际作用就是要授予人们一定的权利并设定相应的义务。一切法律责任，都是由当事人侵犯了他人法定权利或违反了法定义务而引起的。

在任何情况下，法律权利和义务都是相辅相成的。对于个体自身而言，当一个人主张或者行使某一权利时，意味着负有一定的义务；对于他人而言，某一个体的权利必须伴随着他人的义务。这就是法律权利和义务相一致原理。例如，我国《民法典》规定：“对被继承人尽了主要扶养义务或者与被继承人共同生活的继承人，分配遗产时，可以多分。有扶养能力和有扶养条件的继承人，不尽扶养义务的，分配遗产时，应当不分或者少分。”

（二）依法行使权利

依法行使法律权利，是体现权利正当性和保障权利实现的充分必要条件。在日常生活中，人们行使任何权利、做任何事情都不能超越法律界限。我国宪法规定公民享有一系列权利，主要包括政治权利、人身权利、财产权利、社会经济权利、宗教信仰及文化权利等。

1. 权利行使目的的正当性

公民在行使法律权利时，不仅要在形式上符合相关法律的规定，也要符合立法意图和精神，不得违反宪法法律确定的基本原则，保障权利行使的正当性。此外，行使权利不得破坏公序良俗，妨碍法律的社会功能和法律价值的实现。

课堂讨论：“微时代”的交流平台是一个开放的平台，是一个平民化的平台，不管你来自经济、政治、文化、娱乐等哪个圈子，都可以畅所欲言，所以吸引了社会各个领域的网民；尤其是微博、微信的问世，更是以摧枯拉朽之势横扫各舆论平台，只要轻轻一点，信息就会被关注、分享、评论或转发，而某条信息一旦发展成舆情时就会被瞬时大量关注、转发，以指数增长形式蔓延扩散。问题：如何提高青年学生的“微”素养？如何正确理解言论自由？

2. 权利行使的必要限度

任何权利的行使都不是绝对的，必须依照法律规定的限度来行使权利。我国宪法规定，公民在行使自由和权利的时候，不得损害国家、社会、集体的利益和其他公民的合法自由和权利。

3. 权利行使方式的法定性

权利行使的方式分为口头、书面和行为三种。如我国民事诉讼法规定，起诉时应当向人民法院递交起诉状，但书写确实有困难的，可以口头起诉，由人民法院记入笔录，并告知对方当事人。

4. 权利行使的合程序性

由于一个人行使权利的过程可能就是另一个人履行义务的过程，所以该原则同样适用于权利行使过程。通常情况下，行使权利的程序是法律规定的。如我国选举法对选举程序做了规定，包括确定选民资格、选民登记、发放选民证、推荐候选人、选举投票、确定当选人等流程。

（三）依法履行义务

法律权利和法律义务的关系，就像一枚硬币的两面，密不可分、相互依存。法律权利的行使，必须伴随着法律义务的履行。

法律义务的内容和履行方式是随着经济社会的发展和人权保障的进步而不断调整和变化的。例如，随着我国经济的发展，国家免除了农民缴纳土地税的义务；随着国民收入的提高，国家逐步调整个人所得税的起征标准，收入在起征点以下人群缴纳所得税的义务也随之被免除；随着信息社会和汽车时代的到来，人们维护信息安全和遵守交通规则的义务相应增多。案例分析：我国税收制度的演变。

我国宪法规定了公民的基本义务，具体包括：维护国家统一与全国各民族团结的义务；遵守宪法和法律、保守国家秘密、爱护公共财产、遵守劳动纪律、遵守公共秩序、尊重社会公德的义务；维护祖国安全、荣誉和利益的义务；保卫祖国、抵抗侵略和依法服兵役、参加民兵组织的义务；依法纳税的义务等。

义务的设定必须有法律依据。法律义务必须由具有法律职权的国家机关依照法律程序设定，其他国家机关不得对公民违法设定法律义务。坚持义务法定，是法治国家和保障人权的重要方面。

法定的义务应当履行。法律义务是一种社会责任，具有强制性。违反法定义务，根据情节轻重，应当承担相应的法律责任。法律责任主要包括民事责任、行政责任和刑事责任。

习语金句：人民权益要靠法律保障，法律权威要靠人民维护。要充分调动人民群众投身依法治国实践的积极性和主动性，使全体人民都成为社会主义法治的忠实崇尚者、自觉遵守者、坚定捍卫者，使尊法、信法、守法、用法、护法成为全体人民的共同追求。

典型案例：

聂树斌，男，汉族，1974 年 11 月 6 日出生，河北省石家庄市鹿泉县申后乡下聂庄村人，原鹿泉县冶金机械厂工人。1994 年，聂树斌因被石家庄市公安局郊区分局民警怀疑为一起强奸杀人案的犯罪嫌疑人被逮捕，1995 年 4 月经过二审终审被判处并执行死刑。2016 年 12 月 2 日，最高人民法院第二巡回法庭对原审被告人聂树斌故意杀人、强奸妇女再审案公开宣判，宣告撤销原审判决，改判聂树斌无罪。

案件经过：1994 年 9 月 23 日下午，在石家庄市电化厂宿舍区，聂树斌因被石家庄市公安局郊区分局民警怀疑为犯罪嫌疑人而被抓；10 月 9 日，因涉嫌故意杀人、强奸妇女被逮捕。1994 年 12 月 6 日，石家庄市人民检察院以聂树斌犯故意杀人罪、强奸妇女罪，向石家庄市中级人民法院提起公诉。

石家庄市中级人民法院认定："聂树斌于 1994 年 8 月 5 日 17 时许，骑自行车尾随下班的石家庄市液压件厂女工康某某，至西郊孔寨村的石粉路中段，聂故意用自行车将骑车前行的康某某别倒，将其拖至路东玉米地内，拳击康的头、面部，致康昏迷后，将康强奸。而后用随身携带的花上衣猛勒康的颈部，致康窒息死亡。"1995 年 4 月 25 日，聂树斌因故意杀人、强奸妇女被判处死刑，剥夺政治权利终身，同年 4 月 27 日被执行死刑。

聂树斌不服，向河北省高级人民法院提出上诉。河北省高级人民法院于 1995 年 4 月 25 日认定，"上诉人聂树斌拦截强奸妇女、杀人灭口，情节和后果均特别严重。原判决认定事实正确，对被告人聂树斌犯故意杀人罪的量刑及民事赔偿数额适当；对强奸妇女罪量刑重"，基本维持原判。

2005 年 1 月 17 日，河南省荥阳市公安局索河路派出所干警抓获河北省公安机关网上通缉逃犯王书金。王书金除交代在广平县实施多起强奸杀人案件外，还供称曾在石家庄西郊方台村附近玉米地内强奸、杀害一名青年女性，此案即原"聂树斌案"。王书金自称聂树斌案真凶的供述，引发社会关注。

2014 年 12 月 12 日，最高人民法院指令山东省高级人民法院复查河北省高级人民法院终审的聂树斌故意杀人、强奸妇女一案。2015 年 6 月、9 月和 12 月，聂树斌案复查期限先后延期三个月。2016 年 2 月，山东高院决定再次延长复查期限三个月，至 2016 年 6 月 15 日。经过 4 次延期复查。山东省高级人民法院经复查认为，原审判决缺少能够锁定聂树斌作案的客观证据，在被告人作案时间、作案工具、被害人死因等方面存在重大疑问，不能排除他人作案的可能性，原审认定聂树斌犯故意杀人罪、强奸妇女罪的证据不确实、不充分，建议最高人民法院启动审判监督程序重新审判，并报请最高人民法院审查。

2016 年 12 月 2 日，最高人民法院对原审被告人聂树斌故意杀人、强奸妇女再审案公开宣判，宣告撤销原审判决，改判聂树斌无罪。

案例分析：

聂树斌故意杀人、强奸案从 2005 年被媒体首次报道，始终没有淡出公众的视野。该案案情重大、疑难、复杂，社会关注度高、影响巨大。经过 2014 年 12 月 12 日最高人民法院指令山东省高级人民法院复查、2016 年 6 月 6 日最高人民法院决定依法提审该案，按照审判监督程序再审，再到经最高人民法院第二巡回法庭宣判，以证据不足判决聂树斌无罪，终于尘埃落定。

聂树斌案改判无罪具有重大意义，堪称我国刑事司法史中一个里程碑式的案件。

首先，聂树斌案改判无罪是在我国全面依法治国的时代背景中实现的。案件从 2005 年王书金到案、聂树斌母亲张焕枝不断申诉，到最高人民法院指定异地复查、听证、决定再审，到最终宣判，虽然步履艰难，但始终在向正确的方向推进。冤错案件严重侵犯公民合法权益，严重损害司法公正，严重影响法律尊严。中央政法委于 2013 年 7 月出台《关于切实防止冤假错案的指导意见》；2014 年 10 月中央发布《中共中央关于全面推进依法治国若干重大问题的决定》，强调健全冤假错案有效防范、及时纠正机制，要求完善再审制度，解决再审启动难、改判难问题。没有这些重要精神和刑事诉讼制度的不断完善，聂树斌案改判是不可能的。此案是我国全面依法治国过程中刑事司法制度走向进步的代表性案例。

其次，聂树斌案再审无罪，彰显了我国最高司法机关重塑司法公信力、纠正冤假错案的坚定决心以及敢于直面错案疑案的司法精神。最高人民法院及负责复查的山东省高级人民法院案件承办人多次表示，聂树斌案件的复查、再审要经得起真相与历史的检验。正义也许会迟到，但从不会缺席。改判体现了一种审慎的司法观念。虽然聂树斌已无法复生，但今天的改判是对其家人多年不懈努力付出的慰藉。

再次，聂树斌案再一次为“疑罪从无”的刑事诉讼原则做了有力的背书。据统计，党的十八大以来，近三十余件重大冤假错案得到纠正，许多案件是按“疑案从无”的原则改判的。“疑罪从无”是人权保障理念的内在要求，是程序法治原则的重要体现，是遵循司法规律的必然要求，也是防范冤错案件的唯一选择。聂树斌案案发时间长、证据灭失多，查清事实和证据的难度极大。在案件复查过程中存在多种不同意见与观点。从公布的现有证据来看，既不能证明王书金是真凶，也不能否定公安机关认定聂树斌具有作案嫌疑的证据。最高人民法院坚持“疑罪从无”改判无罪，为未来的司法活动提供了准则和标杆。

最后，聂树斌案的复审、改判体现了最高人民法院中立裁判、独立行使审判权的坚定立场。现代刑事司法体系以审判为中心，人民法院应当坚守司法中立，树立司法权威。聂树斌案长期以来受到社会、媒体和法律学术界的关注，舆情复杂多变。无论舆论如何，审判活动关注的核心始终是证据和事实。最高人民法院在指定异地复查、再审过程中，严谨、审慎办案，坚持依证据裁判，对案件保持了超然和客观的态度；坚持以法律为准绳，公正无私、不偏不倚、居中裁判。

聂树斌案改判过程中旨在保障程序正义的各项制度探索，为公正司法提供了有益的经验。

首先，最高人民法院直接提审是使案件迈向公平正义的重大程序推动。提审作为人民法院审判监督的一种方式，法律有明确规定，但实践中由最高人民法院提审的已经二审终审的刑事案件为数不多，足见其对提审案件慎之又慎。最高人民法院直接提审本案，是对此案迈向公平正义的重大程序推动，也是对民声民意、社会关切的有效回应。

其次，最高人民法院指定异地复查案件，有效避免了自错自纠和久拖不决。因聂树斌案在河北省一审、二审，被告人家属多年申诉无果，最高人民法院因此指定山东省高级人民法院复查，这在我国刑事诉讼历史上非常罕见。聂树斌案被异地复查，最大程度保障了复查的公正性和公信力。聂树斌案开启了疑案异地复查的先例，指出了冤假错案纠偏的示范路径。

再次，复查、再审环节充分保障当事人参与权、阅卷权和公众知情权，采用召开听证会等有益形式，为处理社会有广泛影响的重大案件提供了很好的参照。山东省高级人民法院在案件复查过程中，充分保障了代理律师的阅卷权，确保其能够完整复印、拍摄聂树斌案及与之紧密相关的王书金案卷宗。举行聂树斌案复查工作听证会也是一种有益的制度创新。听证会邀请了专家学者、人大代表、政协委员、人民法院监督员、妇女代表和基层群众代表等广泛参与，采取了检察院派员监督、法院官方微博全程图文直播，听证人员填写不记名意见表等做法，体现了处理重大、复杂、疑难案件的法治思维和法治精神，以人们看得见的方式来实现公平正义，让人民群众在司法案件中感受到公平正义。

教学小结

专题总结：

本专题内容理论性强、重难点多。教学过程中要把深刻的道理讲透彻，要把真理的味道讲出来、把时代的自信讲出来，除了课程做到思想上要有高度、理论上要有深度、情感上要有温度之外，特别还要注意的是提高思政课的启发性，把深刻的思想、深奥的道理讲生动、讲透彻，提升教学艺术、改进方式方法、增强教学亲和力和生动性；要力戒简单宣讲报告，要注意运用事实与逻辑，以理服人，打通理论入脑入心的最后一公里。

在教学中，要注重从小切口入手，从大学生身边人、身边事着眼，以问题为靶，从线上导入，采用专题教学法、案例教学法、情境模拟法、参与互动法等多种教学方法并举的方式，实现网上网下、课内课外有效贯通，形成了教学合力。为了增强大学生对中国特色社会主义法治道路学习的兴趣，还要重点运用案例教学方法开展教学活动，以现实问题为导向，把党的最新理论、法治成果，特别是大学生感同身受的现实成果及时融入，通过案例教学使大学生在对案例进行分析、探讨的过程中获得启示，培养大学生观察问题、分析问题和解决问题的能力，让大学生通过本节课教学真正做到学理论、懂理论、用理论三者的有机结合，从而化理论为方法，化理论为德性，化理论为运用，全面提高大学生的素质和能力。

学习思考：

【教学效果】

本专题从大学生熟悉的现实问题出发，通过经典案例、图片数据、名人名言的展现，结合课堂讨论等方式，充分调动大学生的积极性、主动性和创造性，使之深刻理解坚持走中国特色社会主义法治道路对党和国家事业发展的重要意义。在讲授理论知识的同时，着重培养大学生分析问题和解决问题的能力，增强大学生对坚定习近平法治思想的理论认知和情感认同，引导大学生自发地将个人成长进步与祖国的繁荣昌盛相结合，为实现中华民族伟大